अक्कू अलखा

जगदीश उराँव

अक्कू अलखा

लेखक

जगदीश उराँव

शोधार्थी

यू.जी.सी. नेट/जे.आर.एफ.

विश्वविद्यालय कुँड़ुख़ विभाग

राँची विश्वविद्यालय, राँची।

(ओंद डीड़ नु)

झारखण्ड जे.एस.एस.सी. द्वारा आयोजित होने वाली

सी.जी.एल., दरोगा,

बी.ए.,एम.ए. लेबल में होने वाले

सभी प्रतियोगिता परीक्षाओं हेतु।

समर्पण

परम पूज्य पिताजी

स्व. इंदु उराँव एवं माताजी श्रीमती सुमी देवी

साथ ही आदरणीय

मेरे चाचाजी श्री सुरेश उराँव एवं चाचीजी

श्रीमती जितनी देवी को सादर समर्पित।

ISBN : 979-889777205-6

अक्कू अलखा

प्रथम संस्करण : 2025

मूल्य : 450.00

Email : jagdishoraon783@gmail.com

प्रकाशक

www.notionpress.com

क्रम-सूची

क्रम-सूची

भूमिका

"अक्कू अलखा" कुँड़ुख़ पुथिन खोड़हा मजही उइतार'आ लगी | लुरगरियर गहि ब'अना र'ई का एका लेख'आ एक'अम ख़द्द गे परदा अरा बढ़र'आ गे अयंग दुदही गहि चाँड़ र'ई अन्नेम एक'अम खोड़हा ता आलर गे परदा, चो'आ अरा बढ़र'आ गे तंग'आ अयंग कत्था गहि चाँड़ मनी | ईद अकय खुसमारना गहि कत्था तली का झारखण्ड सरकार तरले मन्ना जोगे हुरमी अपटा-बिढ़ना नु कुँड़ुख़ भखा कत्थपंडी गहि अकय महबा अड्डा र'ई | झारखण्ड गहि हुरमी अपटा-बिढ़ना नु ओंद पेपर कुँड़ुख़ नु मनी | मानीम कुँड़ुख़ अपटा-बिढ़ना टूड़ु पेल्लर-जोंख़र गे दिकदिक मनी | पेल्लर-जोंख़र गहि सस्तीन एरर दरा आर गहि सहड़ा खतरी ई पुथिन कमतारकी र'ई | ई पुत्थी नु बी.ए. लेबल ही अपटा-बिढ़ना नु बरना मदहे मेनता-उतारा ओंद डीड़ नु चिच्चका र'ई | एन घोख़दन का कुँड़ुख़ भखा नु अपटा-बिढ़ना टूड़ु पेल्लर-जोंख़र गे ई पुथी अकय सहड़ा मनो |

ई पुथिन निमर'आ खतरी एन कईनो पुथि गहि सहड़ा होंचका र'अदन | अबड़ा पुथि टूड़ु होरमा लुरगरिया रिन एंगहय संवसे जिया ती धईन अरा दव बाख़दन | एंगन प्रोत्साहित ननु वरीय शोधार्थी सय सुखराम उराँव सिन हूँ एन दव बाख़दन | ई पुथिन दवले मुठन चि'आ खतरी गे सयखी सरोज कुमारीन हूँ दव बाख़दन |

जगदीश उराँव

शोधार्थी

यू.जी.सी. नेट/जे.आर.एफ.

विश्वविद्यालय कुँड़ुख़ विभाग

राँची विश्वविद्यालय, राँची |

1

रुइदासता कुँडुख़ बेलस

रुइदासता कुँडुख़ बेलस टीप गहि पेंछउस - रेभ ए. ग्रिगनार्ड

1. रुइदास गढ़े नु ने रहचा?

> बेलस अरा बीड़ी

2. बेलस अरा बीड़ी ही तंगदस ने रहचा?

> भगतस

3. नेत - नेग उइयु दरा अंधरा, लंगड़ा मलता तिम्बु गुटिठयरगे चिउ खटु ने रहचा?

> बेलस

4. निकइम ओंटा ढिब्बा नेआ लगियर होले बेलस एवंदा चिआ लगियस ?

> एंड ढिब्बा

5. ओंद अना नेआ लगियर होल बेलस एवंदा चिआ लगियस?

> बेलस

6. एमअर दरा उल्ला -उल्ला पइरी बीरी ऐंदेर नना लगियस?

> चिआ खट्टा लगियस

7. उन्दुल तिम्बु आलस गहि मुठन ने होचकी रहचा?

> धरमेस

8. धर्मेस तिम्बुस गहि मुट्ठान मन्नर गढ़े गुसन केरस दरा एकसन इज्जका रहचस?

> बली गुसन

9. एंदरन बेद्दय, एन निंग्गागे चिओन तिम्बूसिन ने बाचा?

> बेलस

10. तंग्हय गढ़ेन, अड्डो, मेक्खोन,मनखा, भैसन, हाथी-घोड़ो गुट्ठीन तेम्बुस गे चिआगे ने बीसया?

> बेलस

11. बेलस तंगहय आलिन अरा ख़द्दासिन नेखय एड़पा नु बीसयस?

> तिल्ली एड़पा नु

12. बेलस ऑन्टा डोमस गया बीसरस दरा नेका ढिबा चिचस?

> तिम्बुसगे

13. बेलस गहि तंगदस एकासे केचस?

> नड़ियारस दरा

14. बेलस तंगदस एका बेड़ा नु केच्चस?

> माखा बीरी

15. माख़म तिल्लियर बेलस गहि तंगदासिन बस्सा गे डोमर हेदे होआ लगियर ख़ने चिखनुम ने खोखा - खोखा काला लगिया?

> बीडी

16. उरुब डोमस चोचस दरा मड़न बस्सा गे एन्दरा नेचस?

> ढिबा (बेल तंगदासिन बसागे)

17. चिच्चन धरअर दरा मसड़ा ने काला हेलरा?

> डोमस (बेलस)

18. चीखा-चीखा बेलस अरा तिम्बुस गहि दरा तंग्हय हुरमी कत्थन ओरेती ने तेंग्गा लगिया?

> बीडी

19. नीम एंग्गन खोब लोला नंज्जकर अवंगे एन निमागे दब चिअदन ने बाचा?

> धरमेस (तिम्बुस)

20. बीड़ी अरा बेलस नेख़य नामे ती पुना गढ़े कमचर?

> रुइदास

2

अड़ंग - बड़ंग गड़बड़रना

अड़ंग - बड़ंग गड़बड़रना टीप गहि पेंछउस-रेंभ. ए. ग्रिगनाई

1. नेख़अय अलखना ती चेंप पुंइया लगिया?

> बीरबलस ही

2. राजिन्ता बेलस अनआ -मनआ खेड़ ऐन्दर गे एदताचस?

> बीरबलसीन अलखतआगे

3. बेलस नेकन बेलखन्ती ओत्थरस चिच्चस?

> बीरबल

4. उखिया ख़ने बीरबलस एका अड़्डा नु रहचस अरा डेरा नंज्जस?

> मठ नु

5. आ मठ गहि चरियो कोंडा नु ने रहचा?

> डहरे ईकुर

6. अधा-इधी माखा बीरी तंग्हय ढिबन ने गनआ हेलरा?

> अंधरस

7. एंग्गागे तीनो तिरलोक ईथिरई ने बाचा?

> अंधरस

8. तीनो तिरलोक ईथिरई होले एरातो एंग्हय गदहा एका तरा रई ने बाचा?

> गदहा बिद्दूस

9. कच्छनखरनन मेंज्जा की अंधरी (रिता) एलेचनुम नेख़अय मुहिन तंग्हय सोट्टा ती हंडिरआ हेल्लरा?

> अंधरस गहि

10. अंधरस ख़िसारनुम पच्चोस एंदरा नतगा बाचस?

> सोट्टन

11. एग्हय कुसारिन ने हों अमके नतगा, हुरमी गनचका रई ने बाचा?

> कुसारी बिसुस

12. हुरमी गड़बरनन मेनर दरा ने अलखा हेल्लरा?

> बीरबलस

13. नेख़अय अलख़ना ती चेंप पोस्सा?

> बीरबल

14. बिजिया खने आर नेखअय कत्थन तिंगयर?

> तंगआ-तंगआ

15. इन्ना नीम गा एंगन अलखताचर ने बाचा?

> बीरबलस

3

लोधरर दरा असुरर

लोधरर दरा असुरर पेंछउस - रेभ. ए. ग्रिगनाई

1. ई खीरी नु बारा (12)भाई लोधरर दरा तेरो (13) भाई असुरर गहि पत तिंगका रई।

2. लोधरर अरा असुरर ओरे नु नेंख़य आइनकन मला पईताचर?

> ढिचुआ गहि

3. लोधरर अरा असुरर नेख़य खोलन संडसीती धरचर?

> ढिचुआ गहि

4. नेंख़य खेंसेर इन्ना गुटी दिगहा रई?

> बकिला गहि

5. केरकेट्टा गहि नरटी गुसन मोखारो एकासे मंज्जा?

> नरटीन सड़सीती पेदखर अवंगे

6. खसरा-खुसरु कुक्कोस लेखआ मंज्जस की लोधरर अरा असुरर हेदे ने केरा?

> धरमेस

7. मुक्कर संग्गे कुट्टीन धुकआगे ने लइक्का रहचर?

बारा भाई लोधरर अरा तेरो भाई असुरर

8. नीम एकासे कुट्टीन धुकदर दरा पन्ना चांडे मला बिई ने आनिया?

> खसरा-खुसरु कुक्कोस

9. एंग्गन कुट्ठी उल्ला कोरआ चिआ बअर कुट्ठी नु ने कोरचा?

> खसरा - खुसरु कुक्कोस

10. चिच्च खोब धधकारओ होले पुना अड़ी नु खेना अम्म ओंदरके दरा एच्छके ने आनिया?

> खसरा - खुसरु कुक्कोस

11. एका अड़ी नु खेना अम्मन ओंदरर दरा धुकअर छेच्छआ हेल्लरर?

> पुना अड़ी नु

12. सोना- रुपा तुरु खोब झबरारस की कुट्ठी ती ने उरखा?

> खसरा - खुसरु आलस (धरमेस)

13. अक्कुन नीम हो सोना-रुपा खक्खा बेद्दर होले लगे कुट्ठी नु नीम कोरआ ने आनिया?

> खसरा - खुसरु कुक्कोस

14. बारा भाई लोधरर अरा तेरो भाई असुरर कुट्ठी नु कोरचर ख़ने कुट्ठी ने धुकआ लगिया?

> लोधरार अरा असुरर गहि मुक्कर

15. खोब धुकआ अक्कुन आर अरबा नखरआ लगनर बग्गे-बग्गे होआगे ने आनिया?

> धरमेस

16. खोखा नु हुरमी कुइला उलिया दरा चिन्द मंज्जा ख़ने कुट्ठीन चलख़अर दरा एरनर खन्ने एन्दरा उरखा?

> उल्लका चिन्द

17. लोधरार अरा असुरर गहि मुक्कर नेकन धरअर दरा मल काला चिआ लगियर?

> धरमेसिन

18. एमन निग्गागे पोसना मनो ने बाचा?

> मुक्कर

19. अबड़ा मुक्कारिन ने आनिया की अक्कु नीम टोइंग नु कालरकी कइसलगो खोप्पा मना होले निमागे ओनागे खक्खरओ?

> धरमेस

20. लोधरार अरा असुरर गहि मुक्कर टोडंग कालर दरा एन्देर खोप्पा मंज्जर?
> कइसलगो

21. करम उल्ला एन्देर खोप्पन संग्गेम गइनर?

> कइसलगो

4

चिचच-चेंप

चिचच-चेंप टीप gahi पेंछउस - रेभ. ए. ब्रिगनाई्ड

1. आलर गहि काना - बरना डहरे नु एंदरा अंगलकी रआ लगिया?

> कोहा नाद

2. कोहा नाद एकासे रहचा?

> कोंहा टुंगरी लेकखा मेच्छा

3. आलर कोंहा नादन बला लगियर दरा एकसन कोरआ लगियर?

> कोहा नाद गहि बई नु

4. ई डहरे नु ढेर आलारिन नितकी काना एरदन अन्ति ओंटा हों किरना मल एरदन ने बाचा?

> धरमेस

5. ओंटा कोहा अइडो नु नव-नव मन्न गहि एंड बलमन होचा दरा ने केरा?

> धरमेस

6. एन्दरद किता हेल्लरा ख़ने अदि गहि गमकोरना मेरखा गुटी अंड़सिया?

> कोंहा नाद

7. इदिन चिच्च तुरु मला बस्सोन होले ढेर उल्ला गुटी गमकारओ' बअर चिच्च ने तइया?

> धरमेस

8. धरमेस डमुआ अस्सा गे नेकन आनिका रहचस?

> हलिमानन

9. हलिमान धरमेस गहि ने रहचा?

> भगिना

10. चिच्च ती एक्सन अडरा लग्गा हेल्लरा?

> गोटा खेखेल

11. हलिमानस एन्दरा मोख़ागे लुभियारका रहचस?

> तेला

12. हलिमानस एन्दरा ठोकआ गे मोधरस?

> डमुवन

13. भइया - बहिन सन्नी ख़द्दर एकसन कोरचर की चिच्च ती बच्छरर?

> सिरासिता नाल ककड़ो लाता नु

14. चौंरा - भौरा, तिलका, लोदहा एन्दरा तली?

> धरमेस गहि अल्ला

15. धरमेस 'अम्बा एलचा अम्बा एलचा ' नेकन बाचस?

> भइया बहिन ख़द्दरिन

16. धरमेस भइया - बहिन गहि खेखा नु धन-बिहनिन चिच्चस दरा एन्दरा अनियस?

> खिती ननके

17. धरमेस भइया - बहिन गुसन एका बीरी काला बरआ लगियस?

> उल्ला-उल्ला

18. धरमेस आ खद्दर कोहा परदा हेल्लरर ख़ने आर गहि मजही नु एन्दरा उइयस?

> ढिंगरन

5

करमस अरा धरमस

1. करमस अरा धरमस टीप गहि पेंछउस ने तलदस?

> रेभ. ए. ग्रिगनार्ड

2. खल्ल उखड़ी ने नना लगिया?

> धरमस

3. मलंग लदआ ने काला लगिया?

> करमस

4. धरमस तंगहय एड़पातर संग्गे करम तारअर औंदरस दरा एकसन गड़चस?

> चाली नु

5. करम डहुड़न चाली ती चड़अर दरा ने हिबिड़या?

> करमस

6. गेच्छा - गेच्छा राजी करम गोसाईन बेदागे ने केरा?

> करमस

7. कीड़ा सारचका करमस डुम्बारी खंजपान मोखा गे चौंखस खंने अईया ती एन्दरा उरखा?

> पोचगो

8. अम्म ओनका सारचका करमस महरस गुस्ते दुदही नेअर ओना बिदयस खाने आद एन्देर

मज्जा?

> खेंस मंज्जा

9. करमस गंगा खाड हेदे अडसर दरा अम्म नीन्दका गंगा खाड़ पक्खे एन्दरा इरयस?

> करम मन्न

10. करमस गंगा तरा नेकन बेद्दा केरका रहचस?

> करम गोसाईन

> करम मन्न

10. करमस गंगा तरा नेकन बेद्दा केरका रहचस?

> करम गोसाईन

6

जतरा अरा सेंदरा

1. जतरा अरा सेंदरा टीप गहि टुडु ने तली?

   > बिरसा भगत

2. अन्नेगा बअना नु आलर जतरा सेंदरा बअनर पहें जतरा ती मुन्ध एन्दरा मनी?

   > सेंदरा

3. सेंदरा एका बेड़ा ओरे मनी?

   > फग्गु अंडसा-अंडसी

4. नम्हय कुँड़ख़र एका राजी नु रहचर आ बीरी मुक्का सेंदरा ओरे मंज्जा?

   > रूईदास गढ़हे

5. नम्हय पुरखा अरा बहिन बगर नेकन सेंदरा बिच्चयर?

   > तुड़कारिन

6. एका बेड़ा नम्हय पुरखर रूईदास गढ़ेन कमचर आ बेड़ा बिहार ता बेल ने रहचा?

   > बरगी बेलस

7. फग्गु खंडरका खोखा एवंदा पेठ नु खद्दी ओर मनी?

   > ओन्द पेठ

8. महरा मुक्का तुड़कारिन एका बीरी कॅड़ुख़रिन टपआ गे बाचा?

   > कुक्क चप्पो बीरी

9. कुँड़ख़र एका परब नु अखड़ान दहलाअनर मलता ख़ज्ज भरनर?

   > ख़द्दी परब नु

10. मुक्का सेंदरा एवंदा बच्छर नु मनी?

> बारा बच्छर नु
बारो बछारे बइनी सिकार
बइनी का मूड़े राजा पगारी बांधय ।
हाथे सोटा गोड़े पंयारी
बइनी का मूड़े राजा पगारी बांधय ।।
11. ई डंडी एका सेंदरा ता तली?
> मुक्का सेंदरा
12. नागपुर नु बरचका कुँड़ख़र अउर एंड़ गोंटग सेंदरा बिद्दयर एकदा – एकदा?
> फग्गु सेंदरा अरा बिसु सेंदरा
13. जोख़र फग्गु सेंदरा काला गे एन्दरा जगाबअनर?
> जोख़ चंडिन
14. कुँड़ख़र फग्गु सेंदरा एवंदा उल्ला गुटी बेचनर?
> अख-नय उल्ला
15. जेट्ठे अंडसनी - अइसनी एन्देर सेंदरा बेचनर?
> बिसु सेंदरा
16. बिसु सेंदरा मुंध ने तम्हय-तम्हय पड़हा नु डहुड़ा कुतआनर?
> पड़हा बेलर
17. एका सेंदरा नु होरमा मुक्कर पूरा जइत कोटवार मन्नर कानर?
> बिसु सेंदरा नु
18. एका पदन्ता आलर बिसु सेंदरा मल कानर आरिन नेकन तइयर की एड़ताअनर?
> सिपाही
19. माखा बीरी खुड़ती ओंड़का खोखा सेंदरा बेचनर अदिन एन्दरा बअनर?
> ढठी बेचना
20. एका सेंदरा नु खेड नु घुघरी चहे तो पइड़ी अतनरकी छम छमरा नलते परता तरा कानर?
> ढठी सेंदरा नु
21. एका जतरा नु असल जतरा बेचनन नम्हय पुरखर बेचा लगियर?
> जेट्ठे जतरा
22. जतरा नु नम्हय कुँड़ख़र सेंदरा नु मल परियाचका झगड़िन ओक्कन्नर अरा एंदेर नन्नर?

> नेवई तोड़नर

23. करम खंडरका खोखा जितिया मनी जितिया खोखा एन्देर जतरा मनी?

> जितिया जतरा

24. जितिया जतरा खोखा एन्देर जतरा मनी?

> दंसई जतरा

> गोइड़ा हुँ पंज्जा गुडलु हुँ पंज्जा,

गुच कोय कालोय का मला -2

25.ई डंडीन एका जतरा नु पाइनर

> दसई जतरा नु

26. ई डंडीन जोंखर पुना-पुना पेल्लारिन ओंदरआ कानर होले पाइनर ।

27. दसंई जतरा खोखा एन्देर जतरा मनी?

> सोहराई जतरा अरा डेवठन जतरा

28. सोहराई जतरा नु नेख़अय नलना-बेचना मल मनी?

> कुँड़ख़र ही

29. डेवठन जतरा खोखा एन्देर जतेरा लग्गी?

> माघे जतरा

30. कुँड़ुख़ भइयोर एका जतरा नु बेंज्जा नलनर अरा पेल्लर बेंज्जा लेसनर?

> माघे जतरा

31. जतरा नेख़अय चलाबाचका रीत तली

> पुरखर गहि

7

कुँड़ख़र गहि रुइदास ती बोंग्गना

कुँड़ख़र गहि रुइदास ती बोंग्गना टीप गहि पैंछउस : रेभ॰ ए॰ ग्रिगनार्ड

1. हुल्लो परिया नुं नम्हय कुँड़ख़र एकसन रहचर ?

> अजबगढ़ नु

2. अजबगढ़ ती बोंग्गरकी नम्हय कुँड़ख़र एकसन बरचर ?

> हरदीवन नुं

3. हरदीवन ती बोंग्गरकी नम्हय कुँड़ख़र एकसन बरचर ?

> पिपरीपाठ

4. पिपरीपाठ खोखा नम्हय कुँड़ख़र र आ हेल्लरर, दरा कीड़े कीड़ेम उज्जा - ओक्का लगियर ?

> रुइदास नुं

कुँड़ख़र गहि बरचका अड्डान सजाबआ –

> अजबगढ - हरदीवन - पिपरीपाठ - रुइदास - चुटिया नागपुर

5. कुँड़ख़र गे कुरुर गने एकसन लग्गा नक्खरना मंज्जा, खने खोब लड़चर दरा कुरूरिन हराब'आ

मला चिच्चर ?

> रुइदास नुं

6. कुरुर गा एन्देर हो नाना पोल्लर ख़ने नेकन गईसी लगाबाचर ?

> महरा मुक्कन

7. महरा मुक्का उल्ला - उल्ला दुदही बीसा एकसन काला लगिया ?

> रुइदास गड़हे

8. ने बाचा- इकला ख़द्दी मनो आ उल्ला कालोर होले हरा ब'आ ओंगोर ?

> महरा मुक्का

9. एन्देर उल्ला कुरुर तमहय गोहइन ओन्दार'अर की बरचर दरा रुइदास गड़हे नुं कोर्चर ?

> ख़द्दी उल्ला

10. रुइदास गड़हे नुं कोरअर कुरुर नेकन लवआ पिटा हेल्लरर ?

> कुँड़ख़ारिन

11. कुरुर संग्गे ने लड़'आ हेल्लरर, अरा कुरुरिन खेच्च बोंगताचर ?

> मुक्कर

12. एवंदा खेप कुरुर कुँडुख़ मुक्कर ती मइर मोक्खर अरा हारचर ?

> मुन्द खेप

13. ने महरा मुक्का गुसन कालर की आनियर नीन एमन ठकचकी ?

> कुरुर

14. कुरुरिन ने आनिया थू - थू, नीम मुक्कर गने लइआ पोलदर ?

> महरा मुक्का

15. आर तुंड़सी दरा मन्न ती लाइरनर दरा एंड़ेत - कन्ना ती हों टिपल लव'अनर महरा मुक्कन ने

अनिया ?

> कुरुर

16. महरा मुक्का नेकन अनिया नीम अम्बा कदरार'आ ?

> कुरुरिन

- नीम एंगहय कत्थन मला पत्त 'आदर होले कडिर्का ननो बीरी आरिन एरा कालके आर मुँहिन एकासे मूझुरनर : ओन्टा खेक्खा तुरु मूझुर'ओर होले मेतर तलनर, दरा एंड़ खेक्खा ती मूझुर'ओर होले मुक्कर तलनर । महरा मुक्का कुरुरिन तिंगया ।

17. ने कुँड़ख़ारिन जोह'आ हेल्लरर ?

> कुरुर

18. ने करेया चोच - चोच एंड़ेत कन्ना धरअर कुरुर गने लड़'आ ओंनर ?

> मुक्कर

19. कुँड़ख़र तमहय मुक्का खद्द संग्गे बोंगर एकसन अड़िसयर ?

> चुटिया नागपुर

20. चुटिया नागपुर राजी नुं कुँड़ख़र बरचर आ बीरी नेख़अय राजी र'हचा ?

> मुण्डार गहि

21. राँची जिला ता एका पद्दा नु ओन्टा मुण्डा मानकिस रहचस ?

> सुतियांबे पद्दा

22. कुँड़ख़र नेख़अय गुसन अड़िसयर दरा आस गुस्ते पनहा नेचर ?

> मुण्डा मानकिस ती

23. कुँड़ख़र गहि सुतिआंबे अड़िसना उल्ला मुण्डर एन्दरा पस्सकर रहचर दरा अहड़न मोखागे

खोंड़ोरकर रहचर ?

> डंगरा पस्सकर

24. कुँड़ख़र नेकन आनियर एमन बछाब 'आ, भइरो तेलेंगर एमन पिटागे कुदा बअनुम बर'आ

लगनर ?

> डंगरा मूचूरिन

25. मुण्डर नेकन आनियर निमहय जनाइन हेबड़ा दरा एमहय संग्गे डंगरा अहड़न मोखा, होले

निमन बछाब'ओम ?

> कुंड़ुख़ारिन

26. नेख़अय इलिचकाती कुँड़ुख़र तम्हय जनाइन हिबिड़ियर दरा डंगरा हों मोक्खर ?

> कुरुर गहि

27. ने सुतियाम्बे अड़िसयर की मुण्डा मानकीसिन मेंज्जर इजगो नु बोंग्गर की बरचर; आरिन नीम

एकसन नुड़डकर ?

> कुरुर

28. ने बाचा इत्तरा गा ने हूं मल्ला बरचका ?

> मानकिस

29. कुँरुर एन्दरा मल अतका एरर मुण्डर गुस्ते तमहय राजी किर्रियर ?

> जनई

- मुण्डा मानकिस कुँड़ख़र गे तमहय पद्दा गुसानिम डेरा चिच्चस एकदन इन्ना हॉ कोड़ा टोली (जोंख टोला) ब'अनर | इबड़ा कुँड़ख़र गहि खद्दारिम बढ़रेर की इन्ना नागपुरिया कुंड़ख़ ब'अतारनर ।

8

मुन्धता कँड़खर गही खौरी

मुन्धता कँड़खर गही खीरी गही खोंड़उस : एस॰सी॰ राय

1. हुल्लो परिया नुं ओन्टा एका बेलस रहचस?

> रकस बेलस

2. ने सयका तीखिल चुंजतआ लगियस ?

> रकस बेलस

3. होर्मर सयका तीखिल चुंज्जर की नेख़अय गड़हे अंइसतआ लगियर ?

> रकस बेलस

4. सयका तीखिल अंइसतुउ आलारिन आ रकसस एन्देर नुं खुटअर दरा आरिन मोख़ा लगियस ?

> तेला खुटा

5. हुल्लो परिया नुं ओन्टा एन्देर पच्चो रहचा ?

> रड़ी पच्चो

6. रड़ी पच्चो गे आन्टे एकला ने रहचा ?

> तंगदस

7. उन्दुल नेख़अय तंगदस गहि पाली मंज्जा रकस बेलसगे सयका तीखिल अंइसतआगे ?

> रड़ी पच्चो

8. रड़ी पच्चो तंगदस नेख़अय गुइया जोंख रहचस ?

> साउकारस

9. बेलस गही जोंखर नेखअय गुसन बरचर अरा बाचर - गुचा बबु, इन्ना निगहय पाली सयका

चेड़आगे ?

> रड़ी पच्चो तंगदसिन

10. ने चींखा हेल्लरा ओन्टा एकला एंगदस, मोखोस चिओस रकसस घोखअर

?

> कुक्कोस तंगियो (रड़ी पच्चो)

11. ने बाचा- तीख़िल होओन दरा कालोन ?

> कुक्कोस

12. बारो मन्न गही खांडा तेरो मन गही बरछा दरा नगड़ा खज्जन ने धरचा ?

> कुक्कोस (बीरस)

13. एका अड़डो नुं कुक्कोस इंडुआ घटिन टंगचस अरा तीखलन लच्चस दरा काला हेल्लरस ?

> अंडिया अड़डो

14. कुक्कोस एवंदा गेच्छा रहचस अन्नुतिस रकसस बअदस - एका लेक्खा बीरस बरआ लगदस

मल अंड़सदस ?

> तीन कोस

15. नेख़अय लुइड़ी-पोट्टा असरा हेल्लरा ?

> रकसस गही

16. इलिचकातिम बीरस गही असपयड़ा ने एरा हेल्लरस ?

> रकसस

17. कुक्कोस रकसस गुसन अंड़सियस दरा एन्देर आनियस ?

> बइन अंगलआ

18. होर्मारिन मोक्कय ओंडकय, एंग्गन हों मोखा ने अनिया ?

> कुक्कोस (बीरस)

• अड़डोन आनियस मनुखारिन खक्खोय होले बअके, केड़ा झरिया नुं बछरआगे कला।

19. रकससिन केच्चका एरर की ने घोखचस का रकसस राजी नुं गमकरोस होले मनुखर गे मंड़डी-

अम्म मला सुहओ।

> धर्मेंस

20. ने चिच्च - चेंप टिड़आ केरस ?

> धर्मेंस

21. ने मनुखारिन खक्खिया दरा आनिया - नीम कला केड़ा झरिया नुं बछरके?

> अड्डो

22. ने बाचर-एम अखआ बलदम ई अड्डो अखई ?

> मनुखर गही आलिर

23. अड्डोन गुचे खदियो पसओत बअर अड्डोन ने पस्सर ?

> मनुखर गही आलिर

24. ने धर्मेंसिन आनिया - डुबहा ती चिच्च- चेंपन भगिना, छमहे नुं टिड़के ?

> पार्वती

25. धर्मेंस हलुमानसिन रअके बाचस अरा चिच्च-चेंप टिड़ओन होले एन्देरन ठोकके आनियस ?

> डमुवन

26. मुन्दा भगिनस एन्देरा मूखनुम मोघरस अरा डमुवन मला ठोकचस ?

> तेला

27. धर्मेंस एन्देर ती चिच्च- चेंपन तइयस खने मन्न- मास परता- टोड़ंग हूर्मी उल्लिया ।

> थरा ती

28. राजिन ओलना एरर की ने एड़ गोटंग भई-बहिन रिन सिरासिता नाले नुं गंगला बइद ककड़ो

लाता नुं नुड़डा ?

> पार्वती

29. एड़ गोटंग भई-बहिन गे पार्वती एन्देर दाली चिच्चा ?

> मसरी दाली

30. भई – बहिन एवंदा उल्ला माखा ककड़ो लाता नुं रहचर ।

> सत्ते उल्ला माखा

31. तीखिल मला खक्खरई खने ने धर्मेंसिन बआ हेल्लरा डुबहा तुरू तुंदागे आनकन, खने थरा तुरू

तुंदकय ?

> पार्वती

32. मनुखारिन एकसन बेद्दोय घोखअर ने खोब खोबरारआ हेल्लरा ?

> धर्मेस

33. ने धर्मेसिन आनिया का कला, गंगला बइद नुं भई–बहिन रअनर ।

> पार्वती

34. धर्मेस सोना गही टइनी धरचस की कोही, बेसरा, दरा लिलि भुली-ख़यरी कुटी अल्ला गुट्ठिन

होच्चस की नेकन बेद्दा केरस ?

> भई-बहिन रिन (मनुखारिन)

35. गंगला झूँड़ ककड़ो लाता गुसन अल्ला बरचा ख़ने ने एरा अज्जो, एरा अज्जो, धरओ – बाचर ?

> भई – बहिन

36. भई – बहिन एरा अज्जो, एरा अज्जो, अल्लाद एमन धरओ – बाचर ख़ने ने बाचा मला धरओ,

नत्ती, एन रअदन ?

> धर्मेस

37. ने मनुखारिन बिद्दियस की होच्चस अरा किर्रर की पर्वतिन बाचस-बिद्दकन, पार्वती ?

> धर्मेस

38. धर्मेस नेकन सेवा नना हेल्लरस ?

> भई-बहिन रिन (मनुखारिन)

39. ने धर्मेसिन बाचर - जिना - पानी एदआ ?

> मनुखर

40. धर्मेस नेकन पिंडी हेबड़ागे आनियस ?

> मनुखारिन

41. पिंडी ने हेबड़ा हेल्लरर ?

> मनुखर

42. धर्मेस मुन्ध नु एवंदा उल्ला कमचस ?

> ओन्टे एकला

43. ने घोखचा ओहरे, राजी मला बंचा उल्ला-माखा मनन नेकआ ?

> धर्मेस

44. धर्मेस एवंदा उल्ला – माख़ा कमचस अरा बाचस अक्कु मनुखर गही राजी दवले बंचा?

> सते उल्ला माखा

45. पिंडी कमचर की बिहनी नेआ ने केरर?

> मनुखर

46. धर्मैस मनुखर गे एन्देर बिहनी चिच्चस?

> नोल

47. एन्दरद कुँदिया, लड़ंगारा, पुंइदा, खंज्जा, अन्तिले पानिया खने धर्मैस खली छोलताचस दरा

एगताचस अन्तिले तांतर तुरू खोएताचस ?

> नोल

48. एन्दरन धर्मैस उगी एपटा तुरू चेड़ताचस की खली नु खोपताचस ?

> नोल

49. धर्मैस एन्दरन खली नू मनुखर ती पटकतआ हेल्लरस ?

> नोल

• नोलन पटकआ हेल्लर खने अइय्या ती खेस्स उरखा, बूट उरखा, गोहोम उरखा, माँसी उरखा, कोदय उरखा, मसरी उरखा, मनी - मगहा उरखा, रहड़ी उरखा, हूर्मी जिनिस उरखा ।

50. धर्मैस उया-खोतागे नेका ओन्टा दोहोर एदस ?

> मनुखर गे

51. ने हनुमानसिन बाचा-भगिना, निग्गन डमुनवन ठोकआगे अनिकन खने डमुवन मला

ठोकोचकय ?

> पार्वती

52. कला, टोडंग नु अइखन चेखलन डहुइन पतुरन मोखके ने हनुमानसिन बाचा ?

> पार्वती

53. मनुखर गही आंतरी गड्डी भठरओ मलता तरहट नु चुट्टी कुंदो होले नीन आ उल्ला आल मेद

होओए ने हनुमानसिन बाचा ?

> पार्वती

- ओन्द कोंड़ा नुं खेस्सन बोक्खो मोक्खा, ओन्द कोंड़ा नुं एइगो मोक्खा, ओन्द कोंड़ा नुं खेस्स हरियारा, दरा ओन्द कोंड़ा नुं केटकेट्टरा ।

54. धर्मेंस एन्देर खेस्स चुंजतआके,अरा बोइए बाकतअके, नत्ती बाचस ?
> करहनी खेस्स
55. बोइए बिच्चा खने आलस नेकन बाचस-बिच्चा अज्जो, बोइए बिच्चा ?
> धर्मेंसिन

- धर्मेंस केरस दरा आनियस चुल्हा खज्जन कसतआ, तीखलन कसतआ, कुइलन कसतआ, कीरो डहुइन ओन्दोरआ, एन्ने-एन्ने लिहआ, कीरो डहुइन पलका,; खेर बीन मड़ाबआ |

56. ने आनिया - ढिंगरन मझ्झी नुं अट्टा ?
> धर्मेंस
57. एन्देरन कट्टोर की ओन तरा मनोर होले आलर बढ़रोओर, धर्मेंस बाचस?
> ढिंगरन

9

कुंड़ख़र गही कुण्डी

कुंड़ख़र गही कुण्डी टीप गहि पैंछउस : रेभ०ए० ग्रिगनार्ड

1. उर्मिन्ती मुन्ध मड़न एन्देर नन्नर दरा इसुंग खस्सनर कपड़े नुं सिदरी ट्रूड़नर, अरा बई नुं मंड़डी

तिदनर ?

> एमतआनर

2. मड़न एन्देर नन्नर दरा एड़पन्ती ओथोरनर ?

> किचरी डबनर

3. एड़पन एगानर, अरा एड़पा नुं एन्देरन बीड़नर अरा बलिन मुच्चनर ?

> चिन्दन

4. मड़न एन्देर नुं चेड़नर की मसड़ा गुसन होअनर ?

> संड़ा नुं (सरहा नु)

5. पाबे नुं जोक्क-जोक्क एन्दरा छिटनूम कानर ?

> खेस्स

6. ओरमा आलर तंगआ – तंगआ एड़पा ती एन्दरा ओंदरअर बरनर ?

> खेस्स (बिजिरपा)

7. मसड़ा गुसन अंडसनर की असन कंक्क गही ओन्टा एन्दरा कमनर दरा कंक्क मैय्या मड़न

उड़नर ?

> सड़ा कमनर,

8. एड़पन्ता उर्वस एवंदा खेंवा केच्चकस गही बइन चिचचती दगदस अरा खोखा नुं गोट्टा मेंदन

ओलदआनर ?

> मून्द खेंवा

9. मसड़ा गुसन एका कुक्को का कुकोय खद्दर का पेल्लो गुट्टियर मल कानर
?

> डिण्डा

10. मुक्कर - मेंतर ओलदाचका खोखा नुं खेइ्ड - खेक्खन नॉइरनर - मूझुरनर
दरा एकसन किरनर?

> एड़पा (मरखी एड़पा)

11. बलिन तिसिगनर दरा एड़पा उला चिन्द नुं इन्दरिइम गही एन्दरा एरनर?

> चम्बी

12. चिन्द नुं खेर, नेर्र, बेरख़ा, गही खेइ्ड चम्बिन एरोर होले आ आलासिन/
आलीन ने मोक्खा

घोखनर ?

>नाद

13. चिन्द नूं एन्देर गही चिनहा एरनर खने ओडोगनर ईसिन (का इदिन) धर्मै
होच्चा ?

> मेर गही

15. पद्दन्ता मुक्कर नेका गे तीखिल ओन्दोरनर ?

> पचवाआलर गे

16. ने मून्द गोटंग धुकड़ी ओज्जनर ?

> मेंतर

17. एन्देर नु ओन्टा का मून्द गोटंग इंज्जो अरा कटिकुना बंगुर अरा मनी
सजनर ?

> धुकड़ी नु

18. जोक्क मासिन पूखनर अरा अहड़न मून्द गोटंग मंड्डी गने पतगाली नुं
ख़ट्टर एन्देर नु उइनर

चिअनर ?

> कैंतेर नुं

19. खोचोल पेसा कालो बीरी अबइर गुसन होअनर दरा कुक्क तरा एन्दन
उइनर ?

> कैंतेर खुं सज्जका मंड्डीन

20. एन्देर नुं आ पचवा आल तीखिलन चांखनुम कानर ?

> पाबे नु

21. केच्चकस गही उर्मी पारेन्ता ओन्टा ओन्टा एन्दरन पेसनर अरा पुना संजगी (भण्डा का चुक्का)

नुं उइनर ?

> खोचोल

22. खोचोल उइका पुना संजगीन (भण्डा का चुक्का) एड़पा गही खोखा तरता एन्देर नुं मांडनर ?

> चनखी

23. खोचलन कुण्डी नुं अरगी हुड़ा बअना गूटी मंइड़का अड़्डा गुसन एका बीरी ओन्द खेता मंड़्डी

अंड़सतआनर ?

> उल्ला उल्लम

24. ओझा का मतीर खेअनर होले आरिन एन्देर नन्नर ?

> मांड़नर चिअनर

25. चिरदी बेड़ा ओझा का मतीर खेअनर होले आर गही मड़न बस्सो बीरी कुक्कन एका तरा नन्नर

अरा बस्सनर ?

> खेड़्ड चप्पो तरा

26. उल्लका खोखा नुं कुक्क, खेड़्ड - खेक्खा, अरा रग्गनता ओन्टा ओन्टा एन्दरन पेसनर ?

> खोचोलन

27. चिरदी अंड़सिया होले खोचलन एन्देर नुं हूड़ा बअनर ?

> कुण्डी नु

28. एन्दरद ख़ाड़ नुं का नाल नुं कमचका रई ?

> कुण्डी

29. ने तम्हय अद्दी पद्दा नु मल्लर आर तम्हय खोचलन एकेसता कुण्डी नुं अड़सतआनर ?

> अद्दी पद्दन्ता

30. एका चंदो नु केच्चका आलर गही बेंज्जा गही नेग नन्नर ?

> चिरदी का पूसे चंदो

31. एन्देर ती मुन्ध नेम्हा मन्ना चाड़ रई ?

> केच्चका आलर गही बेंज्जा

- नेम्हा मज्जकन्ती माड़िका संजगिन ओथोरनर अदिन पूंप मेंझनर, अन्ति अस्मा कुड़अर की अरा पून कमअर दरा अदीन अत्त'आनर | अन्ति खोचलन कुण्डी नुं एतआगे अस्सनुम पाइनुम संजगिन नलत'आनूतिम कानर।
- कुण्डी गुसन अंड़सर मुन्ध नु कुण्डिन उमदा एगनर, असता चाचा नुं सिंदरी तुंदनर अरा अड़डन नेम्हा नन्नर, अन्ति खोचलन हुड़ा बअनर चिअनर |
- इबड़ा उर्मी नेग केच्चका आलारिन पचबा-आलर गुसन अंड़सतआगे कुँड़ख़र नन्नर । ई नेग ननो बीरी हो खर्रा बग्गे ओन्ना अरा मोख़ना मनी।

10

बग्गे हेडेम-जेड़ेम मना खने इलिचका मनी

(चंद्दो अरा बीड़ी गही खीरी)

(लेखक - अहलाद तिर्की)

1. हुल्लो परिया नूं औट्टे पद्दा नू एन्देर नामे एंड चेंड़ा पेल्लर रअचर ?

> चंद्दो अरा बीड़ी

2. चंद्दो अरा बीड़ी एंड चेंडा पेल्लर एन्देर नंज्जकर/जोइरकर रअचर ?

> सइहा

3. ने उर्मी बीरी संग्गे-संग्गेम रआ लगियर ?

> चंद्दो अरा बीड़ी

4. तंगआ-तंगआ एइपन्ता नलख गुट्टिटन ननो बीरी अरा ओनो-मोखो बीरी ने छिंडिर-नखरआ

लगियर ?

> चंद्दो अरा बीड़ी

5. एमआ-खजरआ का पर्ता- टोइग कालो बीरी जोहोइ-जोहोइ ओन्द संग्गेम ने काला लगियर ?

> चंद्दो अरा बीड़ी

6. नेखअय बेंजा- चुज्जा कोड़े-कोड़ेम मंज्जा ?

> चंद्दो अरा बीड़ी

7. एरना नूं नेखअय अड़्डा जगहा (बेंज्जा-चुंज्जा) तनी बेस एड़पा नु लगिया का मंज्जा ?

> का मंज्जा ?

> बीड़ी गहि

8. एन्देर रअना गूटी एंड़ो सइहर ख़ूबिम, काला-बरआ लगियर, अरा पाही एरना-नखरना हों दविम

मना लगिया ?

> छुटा छड़िदा

9. जोक बछर गूटी एंड़ो सइहर गही पाही काना-बरना लक्किम रहचा, पंहें मुन्ध लेखआ घड़िम

घड़िम मला मुदा एन्देर लेखआ काना – बरना मना लगिया ?

> बजे-बिरले (कभी – कभार)

10. नेका गे ख़द्द-खर्रा ढेरिम मंजर ?

> एंड़ो सइहर गे

11. नेख़अय एड़पा नूं ओन्ना-मोख़ना का मल-पूरना कत्था मला रहचा ?

> बीड़ी गही

12. नेख़अय एड़पा नूं ओना-मोख़ा गे मल-पूरआ लगिया ?

> चंद्दो गही

13. नेख़अय जिया नु नाद (शैतान) कोरआ हेल्लरा ?

> चन्दो गही

14. ने तंग सइहा बीड़ी ती हिसिंगहा/हिसिंगा मना हेल्लरा ?

> चंद्दो

15. ने तंगै जिया नूं उर्मी बीरी घोखआ लगिया का बीड़ी तंगै ख़द्द-खर्रा गने एका नगद दव-दव

उनी-मूखी अरा रई ?

> चंद्दो

16. ने घोखआ लगिया का एंगदा बगय गे खुदती- लोहाड़ी गे झखना मनी - खुदती गे मंज्जा, तो

लोहाड़ी गे मला, अरा लोहाड़ी गे मंज्जा, तो खुदती गे मल्ला ?

> चंद्दो

17. नेख़अय जिया काका (खक्खन्दारआ) लगिया का बीड़ी गही तंगदा बगय होरमय खेअनय

नेकीआ आर खेओर, होले आर गही गोट्टे (साँसे) राजी हो एंगदा बगयगेम मनो कालो ?

> चंद्दो

18. उन्दुल ने तंग सइहा चंद्दो गुसन हाल (कत्था) तइय्या का एन एकला (उतखी) नेलबेंज्जा पाही

अंड़सा लगेन ?

> बीड़ी

19. ने घोखआ हेल्लरा का ठउकम एंग सइहा बरआ लगी, अदि गहि ख़द्द – ख़र्रारिन पिटागे

इन्दरिईम चिता-बुता(उपाय) नन्ना मनो ?

> चंद्दो

20. एन्देर नलखन ननागे डहरे हूँ सेब्बम दरा चाँड़ेम इत्थिरी ?

> मलदव

21. बीड़ी गही बरना ती मुन्धिम चंद्दो तंगदा बगारिन चाँड़ेम एन्दरा ओंताचा दरा पतड़ा हेदेन्ता

ढोइहा नु एमआ-ख़जरआ तइय्या चिच्चा ?

> लोहाड़ी

22. तंगहै खद्दारिन बीड़ी अम्म्बन एरा नेकआ घोखअर चंद्दो तंगदा बगारिन एन्देर नंज्जा ?

> नुइड़ा चिच्चा

23. चंद्दो कोंहाले बिसालिन चुल्हा नु लच्चा दरा अइय्या एन्दरन पूखआ लगिया ?

> कन्दन (कंदा)

24. लंडी लोहाड़ी बेड़ा खोखा चंद्दो गहि एड़पा ने अंड़सिया ?

> बीड़ी

25. ने ओक्का ख़नेम तंग सइहन मेंज्जा - "खद्दय एकसन केरय ? सुइ-सन्द (सुनसान) एन्दरा हों

मला मिन्दरई ?

> बीड़ी

26. चंद्दोन ने मेंज्जा का चुल्हा नूं एन्दरन लच्चकी रादी ?

> बीड़ी

• चंद्दो आना- किर्ताचा - " हो सइहा, ख़द्द दर ख़र्ता ! उल्ला मांखा जिया गही रकरक ! औंगेम इन्ना आरिन बिसाली नु सज्जअन दरा पूखआ लगेन । इन्ना ईदिम नम्हैं लोहाड़ी खतरी विआ लेगी |

28. कन्दा गुट्ठी पूखरा-बिच्चा, खने ने बिसालिन एत्ताचा ?

> चंद्‌दो

29. पूख़का कन्दा ईखिया, खने चन्दो तंग सइहा बीड़िन एका एड़पा नु होच्चा दरा पटनी किर्‌या

ओक्कताचा ?

> पटनी एड़पा

30. एका एड़पा घुटघुट ऊखा रहचा ?

> पटनी एड़पा

31. ने कन्दा गुट्ठी गही चोप्पन ओत्थरा दरा कन्दन तंग सइहा बीड़ी गे चिअनुम बाचा - "ओंदय तो

सइहा मोक्ख एरय एम्बा का मला?

> चंद्‌दो

32. ने इंजिरा- झोकचा दरा मोक्ख ईरी, ख़ने गा कंदा अकय एम्बा लगिया ?

> बीड़ी

33. ने उड्‌डुच-लिंघम कंदा मोक्खर ?

> एंड़ो सइहर (चंद्‌दो अरा बीड़ी)

34. ने तंगहै एड़पा कालागे का किर्‌ऱागे खसतारआ हेल्लरा ?

> बीड़ी

35. ने जिया नूं घोखआ हेल्लरा 'एका बीरी एड़पा अंड़सोन अरा एंगदा बगयन पूख़ओन दरा मोखोन?

> बीड़ी

36. ने तंग सइहा बीड़िन चाँड़ेम छुट्टी चिच्चा अरा बिदा नंज्जा ?

> चंद्‌दो

37. बिदा नंज्जका खोखा ने चाँड़े-चाँड़े धंवधंवरअन एड़पा किर्‌या ?

> बीड़ी

38. ने तंगदा बगारिन पूख़आगे कोहाले बिसाली नु धरआ-धरआ सज्जा ?

> बीड़ी

39. बिसालिन डबचा दरा अदी मैंइया ओंट्‌टा एन्दरन तेंगड़ाचा ?

> सन्नी जतन (जता)

40. तंवधरी चिच्चन ने किट्आ हेल्लरा ?

> बीड़ी

41. नेख़अय तंगदा बगर ओर्मेर पूख़ररंकी केच्चर केड़िर ?

> बीड़ी गही

42. ने ऑट्टे खद्दन बिसाली ती ओत्थरा दरा मॉक्ख ईरी ख़ने आद मल एम्बा लगिया ?

> बीड़ी

43. ने उक्किया दरा तंग्है कपड़ेन कप्पियाकी चीखी, कलपारी ?

> बीड़ी

44. चंद्दो गही खद्दर एमअर - खजरअर एका तरती किर्ंयर ?

> ढोइहा तरती

45. ऊखा मंज्जा, ख़ने ने तंगदा बगर गने कुद्दा-नुग्गा गे उरखा ?

> चंद्दो

46. चंद्दो अरा अदि गही ख़द्द-ख़र्रन एरा ख़नेम ने खींस ती असरा हेल्लरा ?

> बीड़ी

47. ने अक्खा केरा का चन्दो ठकचा दरा ओर्मा खद्दारिन पिटताचा ?

> बीड़ी

48. बीड़ी ओन्टा कोहाले बल्लुन धरचा दरा नेकन खेदआ/रगइआ हेल्लरा ?

> चंद्दोन

49. चंद्दो गहीं खद्दर इलिचकाती एकसन चउगुड़दी छितीछान बीड़रर केरर ?

> सौंसे (गोट्ट) मेख़ा नु

50. चन्द्दो तंग्है जियन बछबआगे बुंग्गनुम केरा दरा एन्देर मन्न गही ढोढरो नं नुख़रआ हेल्लरा ?

> बड़ा मन्न गही

51. नेख़अय जिया बच्छरा, पंहे बल्लु लका चडे अदि गही कपड़े खोटरा ?

> चंद्दो गही

52. चंद्दो गहि कपड़े खोटरा अउलतेम नेख़अय सइहा-गुइहा अम्बरा केरा?

> चंद्दो-बीड़ी गही

53. ने इलिचकाती बीड़ी हेद्दे मला मनी,अरा बीड़ी ती गेच्छा-गेच्छम रई ?

> चंद्दो

• बीड़ी अर्गी, होले चन्दो मुलखी; बीड़ी मुलखी (पुत्ती), होले चन्दो अर्गी- मुदा उर्मी उल्ला भइर मांखा मला बिलची । चंद्दो मेख़ा नु रई आ बीरी बीड़ी अर्गी, होले गा चन्द्दो गही मुंही मंड़खी काली । बीड़ी खींस ती चन्दोन अइडे ईरी । एन्दोय-

अख मलता एन्दोय नय (२८ मलता २६) उल्ला नू उन्दुल गेच्छा-गेच्छा ती चन्द्दो अरा बीड़ी एरा-नखरआ बिद्दी ।

- बग्गे ईयारी दोस्ती, सइहरी-गुयारी मलदव मना उंग्गी । दोकहर ती छड़कारकम रचना चड़्डे बछरआ ओंग्गोय, मुन्दा ईयारर सइहर निंगहय दोकहा मंज्जर, होले निंगहै बछरना सेब्बा मला मनो ।

11

मानी गही दिम जीत मनी

(चिगला गही नेवई)

(लेखक - अहलाद तिर्की)

1. ओरोत कुँडुख़ भइयोस एन्देर नु अनआ-मनआ आलोन खेंदना- बीसना नलख नना लगियस ?

> पेठ नु

2. अनआ-मनआ आलोन खेंदना- बीसना नलख नना लगियस अवंगे आलर आसिन एन्दरा बआ लगियर ?

> बंड़िया (बनिया)

3. बंडियस गही ओंट एन्दरा रहचा ?

> हकुड़ (घोड़ो)

4. आस एन्देर मंइय्या आलो गुट्ठिन लदअर पेठ-पेठ होअर बीसा काला लगियस ?

> हकुड़ मंइय्या

5. पेट ती आलो गुट्ठिन खेंदर हकुड़ मंइय्या लदअर एकसन किर्रा लगियस ?

> एड़पा

6. आलो गुट्ठिन बीसा खेंदा खत्तरी पेठ-पेठ हकुड़ ने कुद्दा लगिया ?

> बंड़ियास (बनिया)

7. ने ढेर गेच्छा गूटी आलो गुट्ठिन बीसा होआ लगिया ?

> बंड़ियास (बनिया)

- इकलअम इकलअम किरों बीरी डहरेनुम बीड़ी पुत्ता लगिया अरा ऊख़ा- माँख़ा मना लगिया होले आस नन्ना संग्गेर गने जुमुरअर एकअम पद्दा नु डेरा बसा नना लगियस।

8. उन्दुल ने तंगै पद्दा ती तान ओतख़स(अकेले) ढेर गेच्छा ता पेठ केरस ?

> बंड़ियास (बनिया)

9. एकेसते बीसर- केजअर बंड़ियास ओतख़ासिम एड़पा किर्रा लगियस ?

> पेठ ती

10. बीड़ी पुत्तिया ऊखिया, माखिया ख़ने बंड़ियास नेख़अय एड़पा ढबा नूं कुलहु गुसन डेरा नंज्जस ?

> तिल्लियस गही

11. ने बंड़ियास गहि चिन्हा-परचा(जान-पहचान) आलासिम रहचस अरा उर्मी उल्ला दवले

निभरनुतिम बरआ लगियस ?

> तिल्लियस

12. बंड़ियस एन्देर नु हकुइन(घोड़ोन) हँच्चस- खुटचस दरा तान नन्ना ढबा नु बितअर-खटअर

ओनर दरा बिड़िरयस ?

> कुलहु नु

13. एन्देर गही धनुवअना बेड़ा अड़सकी रहचा ?

> हकुड़ गही

14. अधहा-अधही मांख़ा एन्दरद धनुवाचा अदिन ने हूँ बल्लर ?

> हकुड़द (घोड़ोद)

15. बंड़ियस गा लिटलिटा (लेटलेटा) ख़ड़िदकस राचस औंगे आस बीड़ी अर्गना गूटी एन्देर नु

खन्द्रनुम राचस ?

> पिटरी नु

16. ने पइरिम कुलहु ढबा तरा केरा ?

> तिल्लियस (एड़पा उर्बस)

17. ने एरदस का हकुड़ गुसन ऑट्टटा ननअम कुना चेमचेमरआ हकुड़ ख़द्द रई, हकुड़ खद्द खरा सुभई ?

> तिल्लियस (एड़पा उर्बस)

18. ननअम कुना चेमचेमरआ एन्देर ख़द्द खरा सभआ लगिया ?

> हकुड़ ख़द्द

19. नेख़अय जिया नु लोभ कुन्द्रा (कोरचा) अरा हकुड़ ख़द्दन होआ गे तिहा नना हेल्लरस ?

> तिल्लियस

20. ने बंड़ियस गुसन कालर दरा बाचा का इन्ना एंगहय कुलहु हकुड़ ख़द्द हिबिड़या (धनुवाचा) ?

> तिल्लियस

21. ने अखा केरा का एंगहय हकुड़दिम ख़द्द हिबिड़की (धनुवाचकी) रई ?

> बंड़ियस

22. ने तिल्लीसिन बाचा का-एंग्है हकुड़ गभना रहचा आदिम हिबिड़या (धनुवाचा) ?

> बंड़ियस

23. ने दोदआ हेल्लरा का एंगहय कुलहुदिम हकुड़ ख़द्द हिबिड़या ?

> तिल्लियस (एड़पा उर्बस)

24. नेख़अय मझही नु आना-नखरना (कहा-सुनी) मंज्जा अरा खोख़ा नु आर मजही लवच-नखरना

(मार-पीट) हूँ मंज्जा ?

> बंड़ियस-तिल्लियस नु

• तिल्लियस तंगआ पद्दता आलारिन पंच ओकताचस ख़ने पद्दियर बंड़ियस गही बिड़दो (उल्टा), तिल्लियस तरम मनर नेवई (फैसला) तोड़चर दरा मेंताचर का कुलहु गही दिम ख़द्द तली (हिके)|

25. ने पंच बगर गही बेलूरा नेवई नंज्जकन मेंनर अरा पद्दीयर गही अंधेर अरा ओन मत एरर छछेम

(चुपचाप) रईह केरस ?

> बंड़ियस

26. ने पंचारिन बाचा का एंगहय हूँ आलर रअनर एंड़ो तरती पंच जुमा बअर नेवई तोड़ना ख़ने दव

मनो ?

> बंड़ियस

27 ने बंड़ियासिन बाचर - "कला अन्ती, निंगहय आलारिन ओन्दरआ ?

> पद्दियर

28. पद्दियर, बंड़ियास गे तंगआ आलारिन ओन्दरआ खतरी एवंदा उल्ला ही बेड़ा चिच्चर ?

> नाख़ उल्ला

29. नाख उल्ला खोख़ा निंगहय आलारिन ओंदरअर मल बरचकय होले निंगहय कत्थन मला मेनोम

बंड़ियासिन ने बाचा ?

> पद्दियर

30. ने पद्दियर गही कत्थन मेनर पकम हायहुस मना (अक्कबकरआ) हेल्लरा?

> बंड़ियास

31. ने अख़आ लगिया का नाख़ उल्ला गही मजही नु पंच ओन्द्रअर अंड़सम पोल्लोन ?

> बंड़ियास

32. ने घोख़आ हेल्लरा का हकुड़ खद्द तिल्लियस गही दिम मनो कालो?

> बंड़ियास

33. बंड़ियास गे फिकिर हूँ मन हेल्लरा अरा एन्दरन होआ गे हूँ मला बनआ हेल्लरा ?

> हकुड़न

34. बंड़ियास हकुड़न होओस दरा कालोस होले एन्दरद खेओ कालो ?

> हकुड़ ख़द्द

- बंड़ियास हकुड़न मला होअदस - अम्म्बदस चिदस होले इलिचका रई का आर अबड़न एकसआनिम गुछाबओर चिओर दरा दोदओरका निग्है हकुड़न नीनिम होचकय (ओचकय) दरा केरकय । आ पद्दा नु बंड़ियास गही ने हूँ आलर मला रअचर, आ पदन्ता ओरमारिम आस गही मुद्दई (दोकहा) मंज्जर केरर । आर बंड़ियासिन चिड़ाबआ हेल्लरर आर चंवचंवरआ बआ हेल्लरर- 'ईस खरा बोका भकुवा आलस, ईस बंको बैतल (लूर-अकिल मलका) आलस, इन्ना गूटी कुलहु गही खंद्द ननन बलदस, कुलहु गही हिबिड़कन (धनुवाचकन) अरगस एरा। इस एका राजिन्ता आलस हरो ?

35. पद्दियर गही पुरहेम हेंड्पेचवा नन्ना (चिढ़ाना) चइ्डे नेका गे खरा दुक्खे लग्गिया ?

> बंड़ियास गे

36. तंग मंहय्या बग्गेम ससती बरनन एरर ने छछेम उक्कियस केरस ?

> बंड़ियास

37. जिया नु गुनुचका – गोथोचका(सोच-विचार) खोख़ा ने तंगै उर्मी आलोन चेड़वर, मुदा एन्दरन

अम्म्बर पंच ओन्द्रआ तंगै पद्दा काला हेल्लरस ?

> घोड़ोन (हकुड़न)

39. कानुम कानुम ने ओंट्टे अंज-खंज टोइंग अंड़सिया केरा ?

> बंड़ियास

• बंड़ियास तंगै जिया जिया नु बअस - "हूदीनिम खटवर बअनर -'चरे गिली, चोथाय मरली', 'दमा गेल, कमो गेल', 'बुड़भक गेलै हरवाही, तीन बैल में एको बैल नहीं ।"

40. अनआ-रितया घोखनुम-गुननुम खोबरारनुम(चिंतित) पद्दा ने काला हेल्लरा ?

> बंड़ियास

41. नेख़अय जिया नु कटिक थीर सलसन्त मला लग्गा लगिया ?

> बंड़ियास गही

• एड़पन्ता आलर मेनोर - "हकुड़ एखो रई ?" होले एन एन्देर बअर आरिन उतारा(उत्तर) चिओन । आस तान तान आनदस--- 'जिया एंवदा खोबरारदी - कलपारदी ? कपड़े नं एन्दरा टुड़का रहचा, आद गा मंज्जादिम । मुन्धभारे एन्दरा मनना रई, आद गा मनोदिम, आद मनोकिम रओ ने हूँ अदिन रोकआ - छेकआ पोल्लोर, एंगै खिलपतन अरा हलियतन ईनिम बलदन, अन्ती नन्नर एकाभेसे दरा एन्देर अख़ओर । खदवर ठोंकम बअनर - ' पड़े कपार, तो बुझे गंवार ।' नेक मंइय्या दुक्खे गही पर्ता खतरई, आरिम बुझुरनर । नन्नर एन्देर बुझुरओर।' एन्नेम बअनुम चाँड़े-चाँड़े, सेरेत-सेरेत ईकनुम चूंगनुम काला लगियस ।

42. ओंगहोन ओंगहोन ने जोर-जोर तान- तानिम पूरुर(पागल) लेखआ कछनखरा लगिया ?

> बंड़ियास

43. नेख़अय एरचेरका अम्म (पसीना) टिरटोर्रआ चुरख़ा लगिया ?

> बंड़ियास गही

44. नेख़अय एंड़ो खन्न ती ख़न्न-जलखो(आंसू) रझरझरआ चुरख़ा लगिया ?

> बंड़ियास गही

45. डहरे नु नेका ओंट्टा चिगला खक्खरा ?

> बंड़ियास गे

46. एन्दरद बंड़ियास गही पूरू धया(पागल जैसे) कछनखरनन मेंज्जा दरा बरचा अरा डहरे

कूटी(किनारे) नु उक्की रअचा?

> चिगला

47. ने/एन्दरद बंड़ियास गही मुंहिन(चेहरा) एरर बुझरा का ईस गे खरा ससती (दुःख) रई ?

> चिगला

48. चिगला नेकन बाचा - "गोइ़ लगी भई ! एकेसतेले बरदय ? एन्देर मंज्जा दरा एन्ने मड़िख़का(उदास) एथेरदय ?

> बंड़ियासिन

49. बंड़ियास उचुकन कत्था नूं (कम शब्दों में) नेकन आना-किरतचस अरा उर्मी मंज्जका कत्थन

तिंग्गियस ?

> चिगलन

- चिगलाद, बंड़ियास गही कत्थत मेनर आसिन खातिर (दिलासा/संग्गे) चिअनुम बाचा--"अम्बा खोबरारआ । एन निंग़ै तरती पंच्च मनर पंचाईत नु ओकोन अरा चाँडेम नेवई (फैसला) नन्तओन चिओन । एन्ने बअर चिगला खोलन चो-दअर(उठाकर) फुचले उछलारा दरा मुसमुसरआ हेल्लरा ।

- चिगला बंड़ियासिन खातिर चिअर बाचा- "ई कत्था (मुकदमा) गा झरियन्ता निमन अम्म (पारदर्शी पानी)लेखआ झलझलरआ रई । एन्ने अम्म नु ननमुंही (सूई) हूँ दहदहरआ सुपट इत्थिरई । गुचा तो भइया ।" एन्ने वअर चिगला सेरेत-सेरेत रअन किर्रा हेल्लरा। बंडियस चिगला गही खोखा- खोखा

बुंग्गनुम - चुंगनुम काला हेल्लरस।

50. ने पद्दा अंड़सर पद्दन ओन भौंरी किन्दरारा दरा मजही खूरी नु उकिया दरा पहन्ता पंचारिन

एड़आ तइय्या ?

> चिगला

51. पंचारिन एड़आ ने केरा ?

> बंड़ियास

52. पंच्चर असन बरअर नेकन उक्का एरर दरा खदखदरआ अलखा हेल्लरर ?

> चिगलन

53. ने कुँड़ुख़ बंड़ियासिन बाचर - "ओखो निंगहय पंच्चर रअनर ?

> पद्दिदयर

54. बंड़ियास नेकन एद्अर आना किरताचस - "ईदिम एंगहै तरती पंच्च रओ ?

> चिगलन

55. पद्दिदयर गही बरना मुन्धतिम चिगला एन्देर भेसे कच्छचकी रहचा ?

> कूगना (झुपना) भेसे

56. ने चिगलन बाचर- "अना ले सिरू पांडे, नीन नेवई नना बरचकय का कूगा बरचकय ?

> पद्दिदयर

57. पद्दिदयर नेकन सिरू पांडे बाचर ?

> चिगलन

58. ने जइंग ले एरर ख़न्नन निलबिरनुतिम इजो-अजो एरा हेल्लरा ?

> चिगला

59. चिगला कुहड़ारआ (कुहरना) हेल्लरा अरा अड़डे - चोक्ख मनर एन्दरन अरबा सोटोरआ

हेल्लरा?

> कूलन (पेट)

60. ने चिगला गही कुहड़ारना/कुहरारना मेनर अदिन मेंज्जर भई नीन एन्ने एन्देर गे कुहड़ारदय?

> पद्दिदयर

- चिगला पंचचारिन बाचा होरोभरे खोसरा (खाड़) ता दाह नु चिच्च लगिया, चिच्च-हंदकारना मेंरखा गूटी अर्गीया, दाह ता ककड़ो-इंजो बिच्चा केरा, अम्मद हूँ बतिया केरा। एंग्गा खरा दव बेड़ा ख़क्खरा, एन उड़ुच निंगआ इंज्जो-ककड़ो मोक्कन, कूलद ढिरढिरआ डमुवा लेखआ मंज्जा केरा, कूलद अक्कु गूटी गड़गुड़ बई, अक्कुन गा एंग्है कूल पखना भेसे बेड़हा (सख्त) मंज्जा केरा । एंग्गा औट्टा हूँ दव मला लग्गा लगी । एन ख़न्द्रआ लकन, ख़ने गा ईस(बंड़ियास) एंग्ग गुसन कालर एंग्गन एज्जस । ईस एंग्गन हुड़ो-थुड़ो ननर नेवई ननागे निम गुसन औन्दरस | एन ईसिन एवंदा बाचकन- 'पोल्लोन काला, एंगहय जियागे दव मला लग्गा लगी ।' एन्ने बअनु हूँ ईस एंग्गन घिसयाअर औन्दरना भेसे औन्दरस । ख़ने जुन बरचकन ।"

61. चिगला गहि कत्थन मेनर ने फसफुसर'आ हेल्लरर दरा चिगलन बाचर-खाड़-खोसरा नूं का

चिच्च लग्गा उंगी ?

> पद्दा पंच्चर

62. एम निंग्है फसफसा कत्थन पइतओम एमन बोका बुझुरदी का चिगलन ने आनिया ?

> पद्दा पंच्चर

63. कुलहुद हूँ का इकलअम हकुड़ (घोड़ा) ख़द्द धनुवआ उग्गी पंच्चारिन ने बाचा ?

> चिगलाद

64. नेख़अय कत्थन मेनर पद्दा पंच्चर खरा लज्जरर केरर ?

> चिगला गही

65. ने बाचर- "हकुड़ (घोड़ो) ख़द्द तिल्लियस गही मल्ली, हकुड़ (घोड़ो) ख़द्द कुँड़ुख़ - बंड़ियास गही

तली ?"

> पद्दा पंच्चर

- चिगला कुँड़ुख़ - बंड़ियासिन बाचा- "चाँड़े चाँड़े हकुड़िन अरा अदी गही ख़द्दन ओथोरआ दरा एंग्है इसन रअनुम पद्दा सिंयाती (सिमाना) बहरी कट्टा कला अरा निंग्है एड़पा कला |

66. कुँडुख़ बंड़ियास नेकन मॉजरा नंज्जस ?

> चिगलन

67. कुँडुख़ बंड़ियास खोलोख़रस दरा नेकन गोड़ लग्गर तंग्है हकुड़न अरा आलो गुट्टिन होअर एड़पा

किर्रेयस ?

> चिगलन

68. तंगहय उज्जना गूटी चिगलन ने मल मोधरा ?

> कुँडुख बंड़ियास

12

कुँड़ख़र गहि नेग अरा धरम

पेंछउस - जम्बुआ कुजूर

1. कुँड़ुख़ नेग गहि ओट्टा एन्दरा कमर'आ उंग्गी ?

> पुथी

2. कुँड़ख़र गहि नेग तुलेम कुँड़ख़र गहि एन्देर डहरे कमरकी र'ई ?

> उज्जना ओक्कना

3. कुँड़ख़र गहि नेग तरतिम एन्दरा कमरकी र ई ?

> आइन कानून

4. नेख़अय भुंइहरी, लखराजी, पहनई, मरदानी, गैराही अरा ओन्ना मोखना ख़ल्ल आर गहिं नेन

डहरे तिम खक्खरकी र'ई अरा आद चो'आ हूं पोल्लो ?

> कुँड़ख़र गहि

5. नागपुर नुं एन्देर ख़ल्ल कुँड़ख़र लेक्खम नागपुर ता आलरगे खक्खरकी रई ?

> रजहस ख़ल्ल

6. कुँड़ख़र गे का आदिवासियर गे ख़ल्ल उखड़ी पत्त नुं एकन्ने हक र'ई अन्ने एकसन मल्ला ?

> नन्ना अइडा नु

• भुंइहरी, पहनई, पनभरा अरा गैराही ख़ल्लन ने हूं बच्चा पोलनर |

7. पद्दा नुं नेग गहि उर्बस ने तलदस ?

> नैगस

8. बेंज्जा पाही अरा इंदिरइम नलख बेड़ा नुं नेगचार नना गे नेकन एड़ना मनी?

> नैगासिन

9. पद्दन्ता आलासिन जोंख उइयोर होले हूं आस गे पैसारी चि'आगे नेकन एड़ना मनी ?

> नैगासिन

10. मुक्कर ख़दमांखनर अरा एमनर ख़जरनर अंतिले नेकन एड़नर दरा पैसारी चीत 'आनर ?

> नैगासिन

11. हुरमी नलख दव मनन नेक'आ खोखा छमहे एन्देर हूं ओजाय बेजाय अम्वन मनन नेक'आ

घोखअर एन्देर नेग नन्नर ?

> पैसारी

12. नेग नना गे पद्दा नु कोहा अरा लुरगर आल ने मनी ?

> नयगस

13. ने नेग गहि उर्बस अरा नलख गहि जोंखस तलदस ?

> नैगस

14. खे'अना उज्जना अरा कुन्दुरना खतरना बेड़ा नुं नेकन बेद्दनम मनी ?

> नैगासिन

15. कुँड़ख़र एन्देर आलर तलनर ?

> उयुखुसु (खेतिहार)

16. बेड़ा बेड़ा नुं दव मना गे एन्देर नेग नन्ना चाड़ मनी ?

> डंड़्डा कट्टना

- कुँड़ख़र उयुखुसु (खेतिहार) आलर तलनर |
- "डंड़्डा कट्टना" धर्मेन गोहरारना तली एकदा नुं आर गहि हुरमी नलख नुं धर्में दब खंजपन चि'आ नेक'आ।

17. एन्देर नामे पुथी नुं हुरमी नेग ट्रइरकी र'ओ ई टिप नु बाचका रई ?

> "कुँड़ख़र गहि नेग"

18. नेख़अय जिया नु सदैव लक्की रई का आर गहि एबसेरका राजी एका उल्ला ख़क्खर'ओ अरा

एका उल्ला हुल्लो नुं रहचर अन्ने मनोर ?

> कुँड़ख़र गही

19. कुँड़ख़र एकेसता आदिवासी आलर तलनर ?

> हिन्दुस्तान

20. ने आर्य्यर गहि बरचकन्ती मुंधतिम हिन्दुस्तान नु रअनर ?

> कुँड़ख़र

21. ने अकय लुरगर, पइकहा अरा रसिका हूं रहचर ?

> कुँड़ख़र

22. ने ई राजी नुं तामिम राजी नना लगियर ?

> कुँड़ख़र

23. ने नेख़अय नेग धरमन हूं पंइचा मला होच्चका ?

> कुँड़ख़र

24. ने कुँड़ख़र गहि नेगन पंइचा ओच्चर अरा कुंड़खर गहि नेग धरमन नकल नंज्जर ?

> आर्यर

24. ने गोट्ठा हिन्दुस्तान नुं बीड़िरकर रहचर अरा अइडा अइडा नुं राजी हूं नना लगियर ?

> आर्यर

25. नेख़अय मझही नु बेदव्यास, बाल्मीकि, हनुमान, एन्ने एन्ने कोंहा आलर मंज्जकर र'अनर अरा

कोंहा कोंहा बेलर हूं मंज्जकर र'अनर ?

> आर्यर

26. एका बेइन्ती कुँड़ख़र गहि थाहे (पता) लग्गी ?

> रोहतास बेइन्ती

27. रोहतास गढ़े एका बेलस गहि नामेन्ती बंचकी रई ?

> रुइदास बेलस गहि

28. रुइदास बेलासिन अउर ने अख़'आ ओंग्गनर का आस ने रहचा ?

> खटवर

29. ने कुँड़खासिम अरा कुँड़ुख बेलासिम रहचस ?

> रुइदास बेलस

30. कुँडुख राजिन उइय्या गे एन्देर नलख नंज्जर आद एन्देर ती अख़्तार'ई ?

> कपड़ेन ता बन्नाती

31. एका मुक्कर मेतर लेक्खा लड़आ अख'आ लगियर अरा मुक्कर मेतर लड़ाई बेड़ा नुं संग्गेम

लड़'आ काला लगियर ?

> कुँडुख़ मुक्कर

32. तंगआ तंगआ राजिन उइय्यागे मेतर मला र'ओ बीरी, ने मेतर लेक्खअम अत्ता पुंदर'आ की

लड़'आ काला लगियर ?

> कुँडुख़ मुक्कर,

33. एन्नेम बरगीर गहि लव लशकरन (पलटन) कुँडुख़ मुक्कर एवंदा बेर खेच्चर (हराबाचर) ?

> मूंद बेर (तीन बेर)

34. मूंद बेर (तीन बेर) हराबाचर अदिन मल मोधोर'आ गे इन्ना गूटी कपड़े नुं तीन डींड़ (तीन धरा

तीन टिप्पा) एन्दरा चखरनर ?

> बन्ना चखरनर

35. कुंडुख़ मुक्कर तमहय पइकहन बेड़ा बेड़ा एद'आ गे अरा सदौ (सदैव) उइय्या गे इन्ना गूटी

एन्दरा कुद्दनर ?

> जनी सिकार (मुक्का सेंदरा)

36. एका आलर एन्ने हूं ब'अनर का कुँड़ख़र नागपुर नुं एका तरती बरचर ब'आ पोल्लोम ?

> राजनीतिक आलर

* हुल्लो परियातिम सुग्रीव, बलि, हनुमान गुट्ठियर गहि इय्या र'अना अख़्तार'ई अरा आर इय्या अड़डा अड़डा नुं राजी नना लगियर । कुँड़ख़र गहि मानी खीरी बेद्दतारआ लगी । खइखकन्ती ई पत्ते नुं दिगहा अरा बग्गे कत्था ठुड़ुर'ओ/ट्ड़रोओ अरा आद ओंट्टा नन्नम पुथी बन'ओ।

37. नें तमहय एबसेरका बेड़ा गेम जतरा, सेन्दरा, जनी सिकार, खद्दी अरा करम परब मननर अरा

इबड़न नेग अरा धरम गहि नलख लेक्खम मन्नर ?

> कुँड़ख़र

• इन्ना आलर कुँड़ख़ारिन दुसनर, एन्देरगे का आर कुँड़ख़र गहि नेग धरमन बलनर अरा अदी गहि महबन हूं बलनर । जोक्क जोक्क दव नेग नागपुर नुं वरचकन्ती, मुंड़र गने मेसेरकन्ती बगड़ारा। खोखा-खोखा नुं हिन्दुर गने ओक्कना-इजना ती हूं नेग अकय बगड़ारा अरा अड्डा अड्डा नु गा एन्ने मंज्जकी र ई का नेग धरम मोधोरतारा केरा । इय्या गूटी का बेचना नलना अरा कुँडुख कत्था कच्छनखरना हूं अंबरा केरा । पुरखर गहि डंड़ी अरा कत्था अम्बरकन्ती अरा मोधोरकन्ती तंगआ हूं राजी ती अम्बरतार'ओ अरा मोधोरतार'ओ।

38. कुँड़ख़र तंगआ धर्मेन हुरमी अड्डा नुं एकस'आनिम नलख नना कानर होले हूं काला खनेम

धर्मेन एन्देर नन्नर ?

> गोहरारनर

39. ए धर्मे एमन तंग'आ एड़पा किर्रना गूटी कोड़े कोड़ेम उइके अरा इसन दव लेक्खा नलख ननागे

संवग चिअके बअर कुँड़ख़र एन्देर नन्नर ?

> गोहरारनर

• नलख ती किर्रा ख़नेम तमहय गछरकन नन्नर अरा धर्मे गहि नामे नुं तमहय अरबा-परबारिन (रिश्तेदार) एड़नर मेंख़नर की पूजा नन्नर अरा ओंत'आनर मोखत'आनर। इतु ईथिरई का कुँड़ख़र धर्मेन हुरमी बेड़ा नुं गोहरारनर अरा एलेचनर ।

40. गोट्टे पद्दन्ता दुक्खे-सुक्खे कत्थन कछनखर'आगे चहे पद्दन्ता नेवई ननागे मुंध एन्दरा कमना

चाड़े मनी ?

> अखड़ा

41. माखा बीरी जोंख़र पेल्लर एसन बेचनर ?

> अखड़ा नु

42. पचगी मेतर पद्दा नुं इंदरिइम ओजाय-बेजाय मंज्जकन्ती एसन ओक्कनर दरा दवई नन्नर ?

> अखड़ा नु

43. एका अइडा पद्दा गहि औट्टा मुध (मुख्य) अइडा तलीं ?

> अखड़ा

44. एन्देर नुं एंवदा एम्बा र'ई का हुरमी दुक्खेन मोधोरति'ई चि'ई ?

> कुँडुख डंइडी नु

45. एन्देर गहि एम्बा तुले (के कारण) पुना पुना सवंग उरखी ?

> डंइडी

• पुरखर गहि हुल्लोन्ता नलखन ओरखेना (यादगार) करनेम बेचना नलना मनी | कुँड़ख़र गहि डंइडी नुं बग्गे पुरखारिन अरा आर गहि नलखन ओरख नादिम मनी ।

46. इन्नेला जोक्क कुँड़ख़र नेख़अय गने संग्गे मंज्जकन्ती खटवा डंइडीन पाइनर ?

> खट्टर गने

47. एका डंइडी ती नमहय आलर बगड़ार'आ लगनर मुंदा मुंधता आलर इबड़ा डंइडीन मला

पत्तारनर ?

> खट्टर ही

48. एन्देर डंइडी कुँड़ख़र गे अकय मलदव डंइडी तली ?

> खटवा डंइडी

49. एन्देर डंइडी नमहय आलारिन लंइडी अरा पयहा कमई ?

> खटवा डंइडी

50. एका डंइडी ओथोरअर बहरे नन्ना गहि डहुड़ा कुद्दो अरा बिही हूं खेदेर'ओ का कुँड़ख़रगे पाइना

बेचना मल नन्ना चही ?

> खट्टर गहि डंइडीन

51. औंद एंड़ चान खोख़ा नुं कुँड़ख़र गहि मजहिन्ती एका रोग बोंग्गो कालो ?

> खटवा डंइडी

52. एन्देर गहि महबन राजिन्ता नन्ना जातियर मला बुझरकर र'अनर अरा बुझरआ हूं पोलनर ?

> घुमकुड़िया गहि

53. जोंख एड़पा अरा पेल्लो एड़पादिम एन्दरा बअतार 'ई ?

> धुमकुड़िया

54. एका एड़पा नुं जोंखर अरा पेल्लर आल अरा आली मनागे कोर'आ लगियर ?

> धुमकुड़िया

• धुमकुड़िया नु हुरमी रकम गहि हुरमी बेड़नता नलखन सिखिरन मना लगिया । पिंग्गल(तेज-तरार) मना की उरखा लगियर का खेखेल नु आल अरा आली मना की दव लेक्खा उज्जना गुटी जिनगिन खेप आ लगियर।

55. ने नमहय धुमकुड़िया गहि नेगन एराकिम तमहय गुरू कुल मधहे नुं चार (नाख़) आश्रम कमचर ?

> आर्यर

56. नमहय धुमकुड़ियन्तिम सिक्खरर दरा नें ब्रह्मचार्य आश्रम अरा नन्ना नन्ना आश्रम कमचर ?

> आर्यर

57. एन्देर नुं कोरना हूं ओन्ट्टा नेग तली ?

> धुमकुड़िया

58. एकसन पिंग्गल मंज्जकन्ती उरखा लगियर अंतिले आर गहि बेंज्जा चुंज्जा मना लगिया ?

> धुमकुड़िया

59. एका उल्ला गोट्टा पद्दन्ता पच्चो पचगिर खोंड़ोरनर अरा नैगस अउला बेलर लेक्खा खेखेल गने बेंजेरदस ?

> ख़द्दी उल्ला

60. कुँइखर गहि एन्देर परब मूली परब तली ?

> खद्दी परब

61. मन्नेता खूरका पुना पुना अड़खा चेंख़लन एन्देर अरगी मन्ना गूटी मला मोख़नर ?
> ख़द्दी

• खद्दी मला मंज्जका पद्दन्ता आलर खद्दी मंज्जका पद्दन्ता मंड्डी अम्मन हूं मला ओन्नर अरा आरिन तमहय कट्टू नन्दन का अड़ी संजगिन मल एवंसरआ (छूना) चि'अनर |

62. एन्देर नंजका छिप्पा डुबहन अरा अड़ी संजगिन अरगी खद्दी मना गुटी मला मंक्खनर ?
> एवंसरका

• एक'अम पदा गहि ख़द्दी अकय खोखा नुं बैसाख जेठ नुं मनी आर फग्गु बासी तेबासी उल्लम पूंप मक्खनर । मुंध पूंप मंइक्खकन्ती आ पद्दा हूं बैंजेरका लेक्खम इदातो पाही नंज्जका लेक्खा मनी काली । आंवगेना आर छुतका मला मननर । पूंप मला मंइक्खका पद्दन्ता आलर खद्दी मना गूटी छुतका मननर |

63. कुँड़ख़र गही मजही नुं ओन्ट्टा एन्देर नेग मनी ?
> बिही खेदना

• बिही खेदना ओंद रकम गही दव मलदवन बीड़ना अरा ओथोरना गही डहुड़ा तली । रोग बयार गही हूं बिही खेदतार'ई |

64. नैगस अरा नैगनी महरा मनरकी पद्दन्ती एन्दरन ओथेरनर ?
> रोगेन

65. मेंतर गहि बिही खेद'आ उरुखना मनो होले ने महरा मनोस की उरखोस अरा बिही खेददस ?
> नैगस

66. मुक्कर गहि बिही खेद'आ उरुखना मनो होले नें महरा मनो की बिही खेदआ उरखी ?
> नैगनी

67. एका बिही अकय चांड़े बीड़रा ?

> टना पढ़ना बिही

68. कुँड़ख़र घोखआ पोल्लर, मला होले एन्दरद कुँड़ख़ारिन परद'ओ चि'ओ पहँ ?

> टना पढ़ना

- कुँडुख़ टना खोखा नुं खटवा टना बरचा, आदिम बातार'आ असहयोग आंदोलन, सत्याग्रह दरा कांग्रेस गुट्टी ।

- कुँड़ख़र गहि टना पढ़ना खट्टर अरा गोल्लर - बेलर अदी गहि महबन मुंधिम अक्खर दरा कुंड़खारिन बेंड़ब'अना गहि ओर पेंड़ा (उपाय) नना हेल्लरर अरा सरकार गुसन कत्थन बिड़दो तिंग्गयर दरा कुँड़ख़ारिन टना डहरे नुं एकनन्ती छेकचर ।

- कुँड़ख़र गहि बिही नलखन एरा की राजी अंधमंधर'ई काली। इ कत्था गा टना बेड़ा नुं बिल्ली जोक्खा एथरा अरा जोक्क खोखा नुं हूं एत्थरा । औंगुने ब'अना चही का बिही कुँड़ख़र गहि ओन्ट्टा दव नेग अरा हथियार तली ।

- कुँड़ख़र गहि धरम - धर्मन गोहरारना, हुरमी बेड़ा नु रकम रकम डहरे ती, नेग ती, अखना, अदी गहि ओहमा नन्ना दरा ओन्ना, मोखना, चो'अना, ओक्कना, कुद्दना नुंग्गना अरा नलख नन्नाती हूं बग्गे अदि गहि धरम डहरे नुं एकना तली ।

- कुँड़ख़र कत्थन्ती मला, पहे धरम एका तमहय नलख ती धरमन एदनर अरा मननर। धरम गा खेखेल नुं ओन्ट्टा र'ई अरा धर्मे हूं ओन्ट्टा एकला र'ई।

- धर्मन बेद्दागे धरमन बेद्दना मनी । धरम बेदागे नलख तरती डहरे कमना मनी । एका डहरे ती धरम चांड़े ख़खरई आद गा कुँड़ख़र गहि नलखतिम ईथिर'ई।

- धरम गे, सत्ते, सोग्गे, नेम्हा, ओहमा, कयास नन्ना, संतोस नन्ना, इबड़ा हुर्मी अकय चाड़ र'ई। इबड़ा मला मंज्जकान्ती धरम पुल्ली ख़खरआ। धरम मला ख़खरकन्ती धर्मे हूँ मला खखर'ओ ।

- धरमनुम धर्मे हूं र'ई।

- कुँड़ख़र गहि हुर्मी नेगचार डहरे नुं अरा नलख नुं धरम गहि मूली ईथिर'ई ख़खर'ई ।

- चि'अनुं ख़ट्टनु कुँड़ख़र जोक्खा खेखेल नुं जोक्क आलर एथरनर । तमहय ओन्ना - मोख़नन, खद्द खर्रा गहि ओन्ना - मोँख़नन खंडा की हूं चिउखट्टू

कुँइखारिम एथेरनर । नन्नर करने तमहय हुरमी केरा, अन्नु हूं चि'अना ख़ट्टनन, धरम गहि नेम्हा मन्नन मला अम्बिकर र'अनर |

* कुँइ़ख़र तमहय अम्म ओनो अरा मंड्डी ओनो बीरी धर्मे गहि नामे ती अरा तमहय पुरखर गहि नामे ती चि'अनर | ओन्ना मोंखना मुंध खेखेल नुं मला चुरुखका अरा टिड्डका ती मल ओन्नर मोंखनर । ईद धर्मे गे ओहमा चि'अना अरा पुरखर ने जे डहरे तिंग्गी अरा ईदई आर गहि पचवाआल (आत्मा) गे खे'अना खोरत'अना (जीवित रखना) तली । इदीनिम ईरियर की खटवर हूँ चान नुं औंद पक्ष पित्तर पक्ष मनन । आ पक्ष नुं आर तमहय पुरखर गहि पचवाआलरगे उन्दुल अम्म मंडी चि'अनर |

* मूलिन्ती मूली कुँइ़ख़र गहि धरम " सरना पूजा" इदातो खेखेल अंयगन मनना तली ।

* नन्ना जातियर अलखनर का कुँइ़ख़र सरना पूजा नन्नर ।

* खेखेल गहि गुद्दा मेदन (महत्व) बलना चड्डे नन्नर/दोसरर अन्ने ब'अनर, मला होले अयंग खेखेल गे इदातो एका खेखेल नुं कुंदरतारा आ खेखेल गे नेखअय जिया मला ऊली ।

* कुँइ़ख़र गहि जिया अयंग अरा अयंग खेखेल गे सदौ ऊली ओलो अरा सदौ ओलना हूं चही ।

* कुँइ़ख़र हुल्लोन्तिम इन्ना गूटी खेखेल नुं र'आ उंग्गकर र'अनर अरा चंद्दो, बीड़ी अरा खेखेल मेख़ा र'अना गूटी र'ओर । एन्नेम दव मनन नेक'आ।

13

पंइचा लूर तो उर्मी नलख मला मनी

(लूर मलका देवान)

(लेखक - अहलाद तिर्की)

1. ओन्टा कोंहा बेलस ओन्टा एका आलासिन तंगहय देवान (सलहा चिउ) कमचकस रअचस ?

> अदना आलासिन

2. अदना आलस (देवानस) गहि लुरन एरर आसिन ने खर्रा चोन्हा नना लगिया ?

> बेलस

3. ने तंगहय लूर निंदका रअना अरा राजियर गे दव – दव नलख नन्ना चड्डे अजइ नामजद

रअचस ?

> देवानेस

4. सौंसे राजी नु नेख़अय हुदा दरा ओहमा उल्ला – उल्ला पद्नुम काला लगिया ?

> देवानेस गहि

• जोक आलर देवानेस ती हिंसगा मना लगियर अरा मनाबआ लगियर का बेलस देवानेसिन ओत्थरअर आस गहि अड्डा/उइजी नु एकअम नन्ना आलासिन देवान कमओस/उइयोस | आर एवंदा गा आसीन ओत्थरआ गे लगियर, पहँ

बेलस आर गहि कत्थन मल मेंज्जस, आर गहि मने लेक्खआ मला मंज्जा |

5. जोक आलर ओंगहोन नेकन हुचकाचर/उसकाचर – नीन एन्देर गे निंगड़ीसिन देवान मला कमताअदी, निंगड़ीस हूँ गा अकय लूरगर रअस ?

> बीड़ीन

6. एरा निंगहय राजी नु इवंदा बग्गे लूरगर आलर देवान मन्ना जोगे रअनर, पहें नीन ओन्टा अदना

आलासिन देवान कमअर उइका रअदय, इद गा बेस कत्था अरा नलख मल्ली बेलासिन ने बाचा ?

> बीड़ी

7. ई अदना देवानेस लेखआ लूरगर का गुनगर आलर ने हु मल्लार बीड़ीन ने बाचा ?

> बेलस

8. निंग साइस – इंगड़ीस इस ती लूर दरा पया – पट्टुत नु जुक्की रअस एन्देर बीड़ी नेकन बाचा ?

> बेलासिन

9. देवानस जोक उल्ला गही छुट्टी नू एड़पा केरकस रहचस ख़ने बेलस तंग साड़ासिन - बीड़ी गही

तंगड़ीसिन जोक उल्ला खतरी एन्दरा कमचस ?

> देवान

10. ने देवान रहचा ख़ने जुक्किम, उल्ला नु राजी (बेलखा) नु गड़बड़ सड़बड़ मना हेल्लरा अरा सौंसे

राजी ती निन्दा, शिकायत, नालिस बेल-बखड़े नु बरआ हेल्लरा ?

> तंग साइस (बीड़ी तंगड़ीस)

11. बीड़ी नेकन आनिया नीने गा निंगहै पच्चा देवानस गही दिम बड़वारी नन्दय ?

> बेलासिन

12. आस नु एन्ने एन्देर पया-पट्टूत रई एकदा इंगड़िस नूं मल्ला - बेलासिन ने बाचा ?

> बीड़ी

13. एन निंगगन अक्कुनिम एददन चिअदन " एन्ने बअर बेलस नेकन मेख़ताचस ?

> तंग साड़ासिन

14. ने बोंगोरनखरआ बेलस गुसन बरचा 'ख़ने बेलस आसिन पेसअरकी बाचस - "एंगा नाख़. (चार)

गोटंग आलो गही खर्रा चाड़ रई ?

> देवानस (तंग साइस)

15. एंगा नाख़. (चार) गोटंग आलो गही खरा चाड़ रई नीन नेला गूटी नु एंग्गा गे एकअम लेखआ

एकसते-किम आन्दोरतअर चिआ देवानेसिन (तंग साड़ासिन) ने अनिया ?

> बेलस

16. ने तंग्है लूरन एदअर आनियस- "बेलय, नीन अबड़ा आलो गही नामेन हूँ तो पिंज्जा, एन अबड़न

चॉड़ेम ओन्दोरतोओन चिओन ?

> बीड़ी तंगड़िस (देवानेस)

• " बेलस अनियस - "बेस ! ओन्टा गा 'उर्मी- एम्म्बा', नन्ना गा 'उर्मी जिया', मून्दता गा 'बेक उइयु' अरा नाख़ता गा 'बयमान' - इबड़ा आलो गही खरा चाड़ रई | नेला गूटी नु इबड़ा आलोन मला ओन्दोरकय, होले नेलबेंज्जा ती नीन एंग्है देवान पोल्लोय रआ, एन निंग्गन देवान हुदा ती एत्तओन चिओन । इदिन नीन अख़के बेलस तंग साड़ासिन आनियस।"

17. ओन्टा गा 'उर्मी- एम्म्बा', नन्ना गा 'उर्मी जिया', मून्दता गा 'बेक उइयु' अरा नाख़ता गा

'बयमान' इबड़ा आलो गही नामेन मेना ख़नेम नेख़अय कुक्क नुंजआ हेल्लरा ?

> बीड़ी तंगड़िस गही

18. ने अन्धुवारस अरा अकबकरस केरस अरा गोट्टे राजी नु अबड़ा आलोन बेद्दताच ईरयस पहँ अन्ने

नामे गही आलो एकसन हूँ मला ख़क्खरा ?

> बीड़ी तंगड़िस

19. ने सगरे तरती हैरान मनर खइदर आस पच्चा देवानस गुसन केरस दरा खरा गोहरार आ

हेल्लरस ?

> बीड़ी तंगड़िस

20. एन इबड़ा नाखो (चारो) आलोन चिओन, मुदा नाख उड्डु रूपा - ढिबा मुन्धिम होओन, ने

आनिया ?

> पच्चा देवानेस (अदना देवानेस)

21. बीड़ी तंगड़िस नेख़अय ती ढिबा नेअर होच्चस दरा पच्चा देवानस गे नाख़ उड्डु रूपा - ढिबा

चिच्चस ?

> तंग्ग दई ती (बीड़ी गुसते)

22. ने नाख़ उड्डु रूपा - ढिबा झोकचा अन्तिले एंड़ गोटन आलोन चिच्चा ?

> पच्चा देवानस

23. 'उर्मी-एम्म्बा' बअर पच्चा देवानस बीड़ी तंगड़ीस गे एन्दरा चिच्चस ?

> ऒट्टा करॉंट

24. 'उर्मी जिया' बअर पच्चा देवानस बीड़ी तंगड़ीस गे एन्दरा चिच्चस ?

> ऒट्टा तुम्म्बा

25. 'बेक उइयु' अरा 'बयमान' आलो बेलस नेओस होले इबड़ा गा पच्चा देवानस गुसन रई बअके,

बीड़ी तंगड़ीसिन ने बाचा ?

> पच्चा देवानस

26. करॉंटन अरा तुम्म्बन होअर रिझिरनुतिम बेलस गुसन ने केरा ?

> बीड़ी तंगड़ीस

27. बेलस दरा बीड़ी एंड़ो झनर संगेम उक्कर रअचर आ बीरी बीड़ी तंगड़ीस एंदरा होअर केरस ?

> 'उर्मी- एम्म्बा' अरा 'उर्मी जिया' आलो

28. एन 'उर्मी- एम्म्बा' अरा 'उर्मी जिया' गा ओन्दोरकन, पहें 'बेक उइयु' अरा 'बयमान' आलो गा

आ पच्चा देवानस गुसानिम रई, ने आनिया ?

> बीड़ी तंगड़ीस

• बेलस आंसिन मेंज्जस - "इबड़न नीन एकसन बिद्दकय ? इवड़ा आलोन निंग्गागे ने चिच्चा ?" तंग सांइस आना कितोचस-"इबड़ा आलोन गा आ पच्चा देवानसिम चिच्चस |

29. बेलस कराँटन कोल्लर ईरयस अइय्या एन्दरा रहचा अरा बीड़ी हूँ कराँट नु उइका आलोन ईरया ?

> बेक

30. बेलस अरा बीड़ी एंड़ो झनर तुम्म्बन चलखअर ईरयर अइय्या एन्दरा हूँ मला एत्थरा कटिक

ढेरंगो (टेढ़ा) नंज्जर खने एन्दरद तुन्दरा ?

> अम्म

• बेलस, बीड़ीन तिंग्गयस का बेक मल रहचकन्ती उर्मी आलो सिठा, सोर्रो, एम्बा-मलका लग्गी औंगे बेक 'उर्मी एम्म्बा' आलो तली । बेगर अम्म गही एकअम आलो हूँ कुन्दा, पर्दा अरा उज्जा पुल्ली, औंगे उर्मी जिया गहि जिया अम्म तली |

31. बेलस आ बीरिम नेकन एड़ताचस अरा मेंज्जस – बेक उइयु अरा 'बयमान' आलो एखो

ओन्दरकय ?

> पच्चा देवानसिन

32. पच्चा देवानस एन्दरन एदअर बाचस - 'बेक उइयु' गा अल्लादिम तली ?

> ओंट्टे अल्लन

• अल्ला तंग्है उर्बर गही जुट्ठा – कट्ठन, अमड़िन सखड़िन, खेचा अस्मा गुट्टिन मोख़र - ओनर उज्जना गूटी तंग्है उर्बस गही कत्थन मिनी अरा नलख ननी ।

33. 'बयमान' गा जौनखद्दी बगर तलिनर ईर गे तंगआ चोन्हा ख़द्दन चिअनु हूँ, ईरिन मेना ख़ने

बओर का एन्दरा हूँ मला चिच्चर, बेलासिन ने बाचा ?

> पच्चा देवानस

34. एन्ने जौनख़द्दीरिन गा फंसियअर पिटना दिम कोड़े मनो नेलम एन्ने ओर्मा(सभी)

जौनख़द्दीरिन फाँसी नु अर्गआ ने बाचा ?

> बेलस

35. मला बेलायो, एन्ने अम्बा पेसआ । नीन हूँ गा नेख़अयम / नीकइम (किसी के) गही जौनख़द्‌दी

तलिदय, बेलासिन ने बाचा ?

> पच्चा देवानेस

36. बेलस नेख़अय कत्थन मेनर छछेम (चुपचाप) मंजस केरस ?

> देवानस गही

37. ने अक्खा का ई पच्चा देवानस तंगड़िस ती बग्गे लूरगर अरा गुनगर रअस?

> बीड़ी

38. बेलस तंग्ग साड़ासिन - बीड़ी गही तंगडीसिन देवान ओहदा (पद) ती पत्ताचस अरा नेकन फिन

आ हुदा (पद) नु उइय्यस ?

> पच्चा देवानसिन

39. बेलस नेकन देवान कमचस ख़ने राजी चलाबअना नलख दवलेकन मना हेल्लरा ?

> पच्चा देवानसिन

14

अंजेला

1. इन्नेलन्ता उपन्यास पुथी ट्रूस ने तलदस?

> इग्नेस कुजूर

2. ट्रूस गहि रअना एड़पाती सट्टरका नेख़अय एड़पा रहचा?

> एक्का बबुस गहि

3. एक्का बबुस गहि एड़पाती अखिल ने का लगिया?

> अंजेला

4. पद्दा तरती पढआवआगे तंगियो तम्बर नेकन एक्का बबुस गुसन ऑन्दरका रहचर?

> अंजेला

5. अंजेला गहि एक्का बबुस ने रहचस?

> ममुस

6. एका बेड़ा ट्रूस अंजेलान ईरका रहचस आ बेड़ा एवंदा बच्छर गहि रहचा?

> 17-18 बच्छर गहि

7. मुंध नु ट्रूस अंजेलान ईरयस आ बीरी नेख़अय तंगदा घोखआ लगियस?

> एकअम मेम गहि

8. ट्रूस अंगलो इंडियन ख़द्द नीन पोसदय बअर नेकन मेंजका रहचस?

> एक्का बबुसिन

9. कुकोय गुठियारिन चॉड़े एक्सन मल तईया लगियर?

> अखड़ेल (स्कुल/कॉलेज)

10. अंजेलन अरा तंगियो तम्बन अख़आगे नेका बेड़ा समई लग्गिया?

> ट्रूस गे

11. अंजेला गहि तंबस गे एन्देर नामे?

> लम्बू

12. लम्बूस एका पद्दा ता चौकीदारस रहचस?

> कड़गे पद्दा

13. अंजेला तंगियो गहि एन्देर नामे?

> पेड़े

14. अंजेला गहि मूली नामे एन्दरा रहचा?

> अंजु

15. कड़गे पद्दा माण्डर ती एवंदा गेच्छा रई?

> 5 किलोमीटर उत्तर

16. रॉची सहेरेन्ती कड़गे पद्दा एवंदा किलोमीटर रई?

> 30-32 किलोमीटर

17. अंजेलान कुंदुरका उल्लाती एका बेसे उईया लगिय?

> पूंप बेसे

18. पद्दा तरता खद्द खर्रर ती नन्नअम नेकन उईया लगियर?

> अंजेलान

19. एवंदा बछर गहि अंजेला मंजा खने तंगियो तम्बा अदिन एक्का बबुस गुस ओन्दरर?

> चाईर - पाँच बछर

20. लम्बू अरा पेड़ेन ने अनिकर रहचर का ओन्टा ख़द्दनुम कोड़े पोसके भागे नु निग्हय अउर ख़द्दर

मल्लर?

> डॉक्टर

21. अंजेला एका अखड़ेल नु बचआ लगिया?

> लोरेटो कोनभेंट

22. अंजेला हुरमी नु कोड़े बचना नु हुँ अरा अरहा बअनन मेन्ना नु हुँ कोड़े, एन्ने नलख ती अदिन ने

पसिन्दरआ लगियर?

> मादरर/ फादरर

23. अंजेलान घोखंअर नेख़अय कुल उड़आ लगिया?

> पेड़े गहि

24. अंजेलन एकअम पढ़चकौ-लिखिचका कुँड़ख़स गने दिम बेंजोन बअर ने

घोखआ लगिया?

> पेड़े

25. एन्देर करने लम्बु अरा पेड़े एकअम पाही मूल काला लगियर अरा एकअम उल्ला बेक मंडी ओना

लगियर?

> अंजु गहि पढ़ना करने

26. लोरेटोन ती पढ़चका खोखा अंजेला पढ़आगे एका तरा कालो पहँ?

> केम्ब्रीज

27. ओंग्होन टूड़ूस गे एका जतरा काना मंज्जा?

> मुड़मा जतरा

28. जोंखर-पेल्लर एन्दरन होअर जतरा नलनुम बेंचनुम काला लगियर?

> बयरखीन अरा रम्पा चलपन

29. मुड़मा मेला रहचा आ बेड़ा अंजेला एकसन रहचा?

> रॉची नु

30. नीन हुँ ई जंगली दस्तूर नु मेसेरदय एन्देर? एन गा घोखआ लक्कन नीन पढ़चका लिखिचका

आलय तलदय टूड़ूसिन ने बाचा?

> अंजेला

31. टूड़ूस एका-एका पड़हा ता मुड़मा जतरा अरिगका रहचर अदिन इरयस?

> 21, 12 अरा 7 पड़हा

32. टूड़ूस नेकन मुड़मा जतरा नु एरर हयकटरस केरका रहचस?

>लम्बु अरा पेड़ेन

32. लम्बु अरा पेड़े नेखअय संग्गे भेटारआ बरचका रहचर?

> टाना भगतस संग्गे

33. टाना भगतस एका पद्दा ता रहचस?

> उचड़ीनता

34. अंजेला अखड़ेलन एवंदा दरजा नु पास मंजकी रहचा?

> मूंद दरजा

35. होरमर ओंड़िदर-मोखर अरा एड़पा किरियर खने टूड़ूस एक्का बबुसिन एन्दरा मेंज्जस?

> अंजेला तंग्गियो तमबस एन्देर मल एडकर

36. पढ़ना नु हुँ तेजगर, मलदव डहरे एकना नु हुँ तेजगर ने रहचा?

> अंजेला

37. अंजेला गहि खटी मलता टेबुल नु फिल्म मेगाजीन अरा अटकम जटकम पुथी ने ईरया?

> टूड़ूस

38. अंजेलाद तंग्गियोन एन्दरा बआ लगिया?

> ठिरकी

39. एम्बस ही बुलु कुर्ता अरा खेसो खोर पगा एरम मल तुकी ने बआ लगिया?

> अंजेला

40. अंजेला 20 तरीक उल्ला एन्देर काना मना लगी नालन्दा अरा राजगीर बाचा?

> एक्सकर्जन

41. अंजेलन सिनेमा एड़पा नु कोरना ने ईरिया?

> टुड़ूस

42. अंजेला अरा अदि गहि संग्गेर एसन फिल्म एरा केरका रहचर?

> रतन टकिज

43. आई.ए. कट्टागे अंजेला एवंदा बच्छर लगाबचा?

> साढ़े तीन बछर

44. अंजेला कार्तिक चन्दो नु आई.ए. एका बिढ़ना ती पास मंजा?

> सपलीमेन्टरी

45. उन्दुल पेड़ेन ने बाचा अंजेलन हुंदम पढ़ाबअय अदिन बैंजय चिअय?

> टूड़ूस

46. आई.ए. नंज्जका खोखा अंजेला एकसन रआ गे केरा?

> होस्टेल

47. तीन चइर ठो रूपया बछबआगे ने रॉची एकनुम बरचर?

> लम्बुस अरा पेड़े

48. अंजेला फिराया लाल मेन रोड गुसन नेकन चाल मल नंज्जा?

> तंग्गियो – तमबासिन

49. अंजेला तंगियो तंबन तंगआ संग्गेर गुसन एन्देर बाचा?

> सर्वेन्टस

50. अंजेलन मेन रोड नु एरर नेख़अय खंजलखो चुरखा हेल्लरा?

> पेड़े गहि

51. अंजेला गहि मड़ा कइरू ती एका एड़पा ती ख़खरा?

> भकड़ारका एइपा ती

> भकड़ारका एइपा ती

15

पचगी परिया

1. पचगी परिया टिप गहि टुड्डू ने तली ?

> प्रो. महाबीर उराँव

2. सव – सव सवरआ एंदरा तागरआ लागिया ?

> ताका

3. अचका एंदरा तिसिगरा अरा ढप – ढुप, ढप – ढुप नना हेल्लरा ?

> खिड़की

4. एका पचगिस चोअर की खिड़की ती बहरे एरा हेल्लरा ?

> बगड़ू पचगिस

5. बरी – बरांडो गहि धूली – गरदा अरा पकसा गुठी एंदेरा कुहुड़ ती निंदा ख़चिया ?

> गोट्टा मेरख़ा

6. एका पचगिस गहि जिया ता बरंडोन आलर एरा पोल्लर ?

> बगड़ू पचगिस ही

7. खेड़द ता एकना सवंग अरा ख़न्न ता एरना रम्फ नेख़अय मुंजरा केरा ?

> बगड़ू पचगिस ही

8. पद्दा ती बगड़ू पचगिस सहर नेख़अय गुसन केरका रहचस ?

> तंगदस गुसन

9. बगड़ू पचगिस ही तंगदस गे एंदेर नामे रहचा ?

> पलट्टू

10. पलट्टूस सहर नु एंदेर नुकरी नना लगियास ?

> सरकारी नुकरी

11. सरकारी नुकरी नु कोंहा साहेब ने रई ?

> पलटूस

12. पद्दा कालर ने पद्दा ता एकअम आलारिन बेगर टोकचका मल कट्टोस ?

> पलटूस

13. पलटूस पद्दा ता एका कुक्कोस ही नुकरी धरताचस चिचका रहचस?

> भीखूस ही

14. नेख़अय बेगर अखड़ा मल निंदी ?

> पलटूस ही

15. बगड़ू पचगिस ही जिया घड़ी – घड़ी एंदेर मना काला लगिया ?

> कुमलार'आ काला लगिया

16. नेक तंगदस पचगिस मइया लदकारका रआ लगियास ?

> पलटू तंगदस

17. पलटू तंगदस तंग संगेर गुसन एंग अज्जोस गुसन ढेर बग्गे एंदरा रई बअर तेंग्गा लगियास ?

> ढिबा

18. ने बरई होले पलटू तंगदस गे किसिम – किसिम गहि बेचना आलो खिंदी चिई?

> बगड़ू पचगिस

19. बगड़ू पचगिस फग्गू बेड़ा नु सहर एंदरा होअर काला लगियास ?

> बूट खोप्पा (झंगरी बूट)

20. बिड़ना बेड़ा बगड़ू पचगिस सहर पलटूस गुसन एंदरा होअर काला लगियास ?

> टटख़ा, जम्बू, तेला, दुख़ो

21. बगड़ू पचगिस सहर तंगदस गुसन काला लगियास होले आसिन ने ख़न्न मल एख़ा चिआ लगिया ?

> पलटू तंगदस

22. पलटूसिन तंग आली पेठ ती एंदेर दाली ओंदरआ गे बई ?

> मासी दाली

23. पलटू ख़ई बगड़ू पचगिस गे मासी दाली ही एंदेर असमा कमआ चिआ लगिया ?

> छिरका असमा

24. इकलअम पलटूस ऑफिस मल काला लगियास होले ने अख़आ काला लगिया का तम्बस

बरचसकस रअस हुतंग ?

> पलटूस ही संग्गेर

25. कुंडुखर एंदरन नेम्हा धरम बुझरआ लगियर ?

> मन्न इदना

26. बगड़ू पचगिस गहि ओन्ना – मोखना बेड़ान ने अख़आ लगिया ?

> तंग आली

27. एंदेर गहि महबा आलरगे उल्ला बीरी मला मुदा माख़ा बीरी बुझारई काली ?

> बिल्ली ही

28. अरजाचका ढिबान ने तंगदा बगर ही जिनगीन संवरआ खतरी लगाबचा चिच्चा ?

> बगड़ू पचगिस

29. बगड़ू पचगिस गहि एवंदा ख़द्दर रहचर ?

> नाख़ गोटंग

30. ख़ल्ल बंधा नन्नर अरा मन्न गुठिन बिसर ने बीटी बिदा नंज्जा ?

> बगड़ू पचगिस

31. हुरमी ख़ल्लन बिसयस अरा इसन बरअर ढिबा गे टकचकस रअदस, ढिबा मन्न नु मनी

चोख़आ दरा चिओर, बगड़ू पचगिसन एन्ने ने बाचा ?

> कोंहा सेड़ो (पलटू ख़ई)

32. आलर बगड़ू पचगिस ही एंदेरन नामे नन्नर ?

> इंदरा अरा अमरय

33. नेख़अय कत्थन मेनर बगड़ू पचगिस ही ख़न्न खंजलखो ती निंदिया केरा ?

> डहरे इकुस ही

34. ने एइपा गहि ओंद कोंड़ा नु ओक्कर ख़न्न मिंखिया ?

> बगड़ू पचगिस

16

कुकोय बरात

1. कुकोय बरात टिप टुड्डूस ने तलदस ?

- प्रो. महावीर उराँव

3. प्रो. महावीर उराँवस ही तंग आली गे एंदेर नामे ?

- प्रो. चौठी उराँव

4. कुकोय बारात एंदेर उल्ला अरा एंदेर नेइडा (दिनांक) नु काना रहचा?

- उल्ला – विरहसपइत
- नेइडा – 26 – 04 – 2012

5. कुकोय बरात लोहोइदगा सहर ती एका सहर कानर ?

- हजारीबाग (लोटवा पद्दा)

6. हजारीबाग ती लोटवा पद्दा एवंदा गेच्छा रई

- दोय कोस (20 km)

7. हजारीबाग तरती पटना काना डहरे नु दोय कोस केरका खोखा सड़क ती तीना तरा टोडंग मजही एंदेर पद्दा रई ?

- लोटवा पद्दा

8. कुकोय बरात नेकन होअर बरात केरर ?

- कुकोय मयान

v. कुकोय बरात आबो कत्था – टुड्डूस ही जेट्ठ साइस गहि साड़ी ही तंगदा ही रआ काली |

9. बेंज्जा कत्थान ने अरा एकासे अड़सताचा इदीन ने बल्ला लगिया ?

- टुड्डूस (प्रो. महावीर उराँव)

10. नेका मेंन्ना नु बरचा का नाख़ – पंचे बच्छर मुंधिम बेंज्जा गहि कत्था चलरकी रहचा ?

- टुड्डूस गे

11. बर बबूस एन्देर नु नुकरी नन्दस ?

- रेलवे नु (चेन्नई नु)
- कुक्कोस ही बचना बेड़ा इतिरता ता संगेरदिम कत्था चलाबाचर दरा एंड़ो ख़द्दारिम एरनखरअर अरा पसिंद मंज नक्खरर |
- कत्था बिच्चका खोखा पाहि गुट्ठी ही कत्था मंज्जा हुते | कुकोय गहि तंगियो टुड्डूसिन ददा – ददा बई अरा अकय मइन ननी | आदिम नेइडा 10 – 04 – 2012 मंगर उल्ला फोन तिम तिन्निगया का "नेइडा 14 – 04 – 2012 सनीचर उल्ला नम्हय तरा पाही (किचरी कुरतआ) बरओर अरा नेइडा 15 – 04 – 2012 नाम अत्तरा घरबारी (कोंहापाही) कलोत |

12. जुब्बी एरना का चुन्ना – तम्ब्कू लेखआ पाही काना बरना अरा नेग – चार मल मन्ना कत्थन मेनर नेका उटपटान लगिया ?

- टुड्डस गे

13. पेंधावा अरा घरबरी खोखा एन्देर पाही काना मनी ?

- खेइ्डा अम्म
- ओरे नु कुकोय तरा फिन कुक्कोस तरा खेइ्डा अम्म पाही उखा – उख़म बासी कूल काना मनी |
- मड़वा गइना अउला एंड़ो तरा कोंहा पाही (रांची पहटा) तरा लगन पान मनी अरा पान बरतई नन्ना (गुमला लोहोइ्दगा पहटा) काना मणि दरा अउलम बालका बदलअनर |

14. अरे नाम ओंगहोन हूँ अरगत काला तले निन हुरमी पहिन पीटना गहि कत्था नाना लगदी ने बाचा ?

- टुड्डस

15. कुकोय बरात टिप नु ने तम्हय एकला कत्थन महबा चिअनर?

- कुक्कोस तरला

16. काला चिआ कुकोय ख़द्द ही जिनगी कोड़ेम बितचा होले अदिती कोंहा कत्था नमागे एन्दरा मनो दरा ने बाचा ?

- कुकोय तंगियो

17. एंड़ रोज खोखा नेवता अतखा टुड्डस गे ने चिआ बरचा ?

- टुड्डस ही जेट्ठसाइस ही तंगदास

18. कुकोयन किचरी कुरतअना अउला टुड़ूस ही तंगदस ही एन्देर गही बिढ़ना 2 बजे ती 4 : 30 बजे गुटी रहचा खने टुड़ूस लोहोड़दगा पोल्लस काला ?

- पोलोटेक्निक ही
- टुड़ूस ही कोंहा तंगदा अरा तंग आली किचरी कुरतअना अउला पाही केरर |
- कोंहा पाही (घरबरी) उल्ला टुड़ूस अरा तंगदस हजारीबाग पाही केरर |

19. कोंहा पाही ही हुरमी नेग – जोग मंज्जका खोखा एन्देर ही कत्था मना हेल्लरा ?

- बेंज्जा ही

20. एम्हय एड़पा ती गा एका उल्ला हूँ बरात मल्ला केरका से निमागेम कुकोयन ओंदरअर बरना मनो, ने बाचा ?

- समधी बगर

21. बरात कालर बेंजेरना एम्हय एड़पा नु मल फलई अवंगे नीमा बतात बरना मनो ने बाचा ?

- कुक्कोर तरला
- 25 – 04 – 2012 मंग्गर उल्ला लोहोड़दगा नु मड़वा रहचा |
- 25 – 04 – 2012 अउला टुड़ूस गहि झारखण्ड अधिविद परिषद् नु नलख रहचा अरा तंग आली गहि हूँ कॉलेज नु परीक्षा डिवटी रहचा | एन्ने ती मड़वा उल्ला काला पोल्लर |

22. ने टुड़ूसिन अरा तंग आलीन बाचकी रहचा का निमिम इजगो ती मइयन होंअर हजारीबाग बरात कालोर ?

- कुकोय तंगियो

23. हजारीबाग कुकोय बरात कालागे एड़पा ता ने हूँ मल गच्छरर, कुकोय तंग मामूस हूँ मल गच्छरस खने माखा बीरी टुड़ूसिन ने फोन नंज्जा ?

- कुकोय तंगियो

24. गुचय उन्दुल खतरी असली अयंग – बंग नामिम बनओत कलोत तंग आलीन ने बाचा?

- टुड़ूस

25. नेइ़डा 26 – 04 – 2012 अउला 5 बजे पइरिम टुड़ूस अरा तंग आली रांची ती लोहोइदगा एन्देर गाड़ी नु केरर ?

- रेल गाड़ी नु

26. रांची टीसन ही टिकट काउंटर नु भीड़ करने टिकट खंडतआ ने केरा ?

- टुड़ूस ही तंग आली

27. टुड़ूस अरा तंग आली एवंदा बजआगे लोहोइदगा बेंज्जा एड़पा अंड़सियर ?

- 7 बजआगे

28. टुड़ूस अरा तंग आली ही अंड़सना ती मुंध लोहोइदगा बेंज्जा एड़पा ने अंड़सिया किरकी रहचा ?

- तंग सड़हुस अरा बयनाली/बयलनी

29. नेख़अय अंड़सना ती बेंज्जा एड़पा नु अउरहेम ख़ुशी बढरा केरा?

- टुड़ूस ही

30. लोहोइदगा मड़वा एड़पा नु हजारीबाग ती बरतई पाही ननागे एवंदा पहियर बरचर ?

- ओन कोंहा बस

- लोहोइदगा तर पाहि ननागे अड़ती बीरी 4 बजे मिंख़यर मुद्दा हजारीबाग तरतर ख़ुड़ती ओन्ना बेड़ा ती हूँ बग्गे माखा नंजर | हजारीबाग ता पहियारिन बिजना बेड़ा बिदा नंजर |

31. एम कनयान होआ मल बरचका रअदम नीमा अंइसताअना मनो से नेला पुतना बेड़ा अंइसना लेखआ बरके | नीमा बहिरिम डेरा चिओम, ने बाचा ?

- कुक्कोस तरलर

32. एखेरना बेड़ा मंडी – अमखी ओंडका – मोक्का खोखा एवंदा गाड़ी नु कुकोय बारात काला गे उरखर ?

- एंड़ बोलेरो

v. ओन्टा गाड़ी नु कन्या मया, तंग संगेर मूंद झना अरा तंग ददा – नासगो | नन्ना (दूसरा) गाड़ी नु पंचे झनार |

33. कुकोय बारात कालो बीरी गाड़ीन एसन इजताचर ?

- रामगढ़ नु

34. कुकोय बारात साँझ बीरी हजारीबाग (लोटवा पद्दा) एका बीरी अंइसियर ?

- 7 बजे

35. कुकोय बरात अंइसका खोखा पिटरी अटका अइडा नु बहिरिम एन्देरा ओना – मोखा गे खक्खरा ?

- अम्म अरा सेव – बुंदिया

36. कोन्या मयन गाड़ी ती चेइअर ने एताचा ?

- कन्या तंग ददास

37. गाड़ी ती एताचका खोखा कन्यान चेड़अर ने एड़पा मंख़या |

- कन्या तंग बायनास
- कनयन माखा 8 बजे एड़पा मंख़यार नेग – चार ननते पइरी 4 बजआ खचिया |

38. कुकोय बरात केरकर गे एका मंडी ओना गे खक्खरा ?

- अदहा माखा
- टुड़ूस अरा आस ही सड़हुस एकला मंडी ओंडर | मुक्कर ने हूँ मल्ल ओंडर |

39. पइरी बेड़ा कन्यान अम्बर होरमर कड़ीरका नना एका अड़डा तरा केरर ?

- बंदहा तरा

40. होरमर बंदहा तरली एम्आ – ख़जरअर एका बेड़ा किर्रेयर?

- लोहाड़ी बेड़ा
- होरमर बंदहा तरली एम्आ – ख़जरअर किर्रेयर खने बेगर मंडी ओनम बिद्दा नंजर फिर आरिन किरताचर | आर बाचर अक्कू सरात बरओर होले होरमर संगेम कालके |

41. कुकोय बारात बिद्दा नंजका खोखा चाली इगीयर, डंडा कटियार अदि खोखा एन्देर कत्था मना हेल्लरा ?

- चूल्हा ओदना ही

42. जोक भगतर रह्चार अवंगे कुकोय बारात केरका आलर नेखआय ती मंडी बीतआगे बाचर ?

- डिंडा ख़द्दर ती

43. बरात केरका आलर एसन कुद्दा गे केरर ?

- नेसनल पार्क

44. नेसनल पार्क नु आर एन्देरा इर्रियर ?

- मूंद गोटंग हरिन

45. टुड्स अदा एरा पंडरु हाथी अरा गोला हाथी बअर एन्देरन एदआ लागियास ?

- ओय – अड्डोन

46. अदा एरा बेगर खोला गहि हलुमान बअर टुड्स एन्देरन एदआ लागियास ?

- आलसिन

47. नेसनल पार्क ती होरमर हजारीबाग लोटवा पद्दा कई बजे किर्रियर ?

- ओंद – डेढ़ बजे

48. कुक्कोस तरला होरमा आलर एन्देर मंडीन ओंडका रहचार ?

- बासी मंडी
- मइयागर मंडीनुम अलुवा सज्जका रहचार अदि ही दिम भइरता कमअर दरा ओना गे चिचर |

49. एरा हउर (सरतियर) कई बजे अंड्सियर ?

- ढाई बजे

17
लॉटरी

1. लॉटरी टीप ही टुड्डू ने तली ?

*   विमल टोप्पो

1. लॉटरी टीप एका पुत्थी ता तली ?

*   खीरी झुम्पा

3. एका पेठ नु माइक ती हला ननर दरा लॉटरी बीसा लगियर ?

*   शामुकतला पेठ नु

4. शामुकतला पेठ नु आलर सौदा नन्ना ही बदली एन्देरा खेंदा लगियर ?

*   लॉटरी टिकट

5. खुयू पचगिस पेठ नु एन्देरा खेंदा केरका रहचस ?

*   तीखिल

6. खुयू पचगिसन एइपातर ढिबा एंगरोओ होले एन्देरा खेंदर औंदोरके बाचाकाचर ?

- चोप्पो इंज्जो

7. झिला पुठिया का चलानी इंज्जो नु एन्देरा खूब भरती रआ काली ?

- खोचोल

8. एका इंज्जो ही एन्देरद हूँ मल हिबिड़रई ?

- चोप्पो इंज्जो ही

9. खुयू पचगिस इंज्जो हाट तरा काला लगियस ख़ने आस ती ने भेट मंज्जा ?

- कलुवास

10. कलुवास पद्दा ता दिम हिकदस अरा खुयू पचगिस ही एन्देरा लगदस ?

- भइ्योस

11. एक लम्बर ही मतवार अरा जुहाड़ी आल ने तली ?

- कलुवास

12. एखो एन्देरा – एन्देरा खिंदकय बअनुम खुयूस ही झोलन ने चलख़आ दरा एरा हेल्लरा?

- कलुवास

13. निंग नासगो बाचकी रई ढिबा एंगरोओ होले चोप्पो इंज्जो औंदोरके कलुवासिन ने बाचा ?

- खुयूस

14. चोप्पो इंज्जो गा एंगहय एड़पा नु ख़यदका दरा उईका रई, एन निंग्गा चिओन ने बाचा?

- कलुवास

15. शामुकतला पेठ ती बहरी अउर ओन्टा पेठ रई अदीन एन्देर पेठ बअनर ?

- डोब्बो बाजार

16. डोब्बो बाजार नु एन्देरा भरती रई ?

- डिगची अरा भंडा

17. कलुवास नेकन होंचस दरा एंड़ो झना दूई – दूई गिलास झरा ओंडस?

- खुयू पचगिसिन

18. झरा ओनर किर्रो बीरी लॉटरी वालस ही एन्देरा सड़डना कलुवास गे अरा खुयूस गे मेंदरआ हेल्लरा ?

- माइक

19. बरा तो दा होय एन लॉटरी खेंदोन बअर खुयूसिन ने लॉटरी बिसूर तरा होंचा ?

- कलुवास

20. ने अख़आ लगिया का लॉटरी ओन्टा जुहा हिके ?

- खुयूस

21. ई लॉटरी चड़डे नेख़अय ख़ल्ल – उखड़ी, बंगला – एड़पा हुरमी बिसरा केरा ?

- पारेश बाबूस ही

22. कलुवास लम्बर मिलाबअर 50 रुपया नु एवंदा गोटंग लॉटरी खिंदयस ?

- पंचे गोटंग

23. लॉटरी नु रूपया फंसरोओ होले एइपा कमओन, ख़ल्ल खेंदोन, ख़द्दारिन बेंज्जोन खुयू ददा ने बाचा ?

- कलुवास

24. एन सगर माखा नु कोंहा आल मनोन कालोन ने बाचा ?

- कलुवास

25. कलुवास टिकट खिंदकन एसन उईयस ?

- झुला पाकेट नु

26. कलुवास एन्देरा ओथरस दरा खुयूस गे तम्बकू चिच्चास अरा तान हूँ फंकचास ?

- खुइरू (करांट)

27. कलुवास ही कत्थन मेनर नेख़अय जिया नु लोभ समसारआ हेल्लरा?

- खुयूस ही

28. ने घोखआ हेल्लरा का एन हूँ कोंहा आल मनोन, लॉटरी बझरोओ होले एइपा कमओन, गाड़ी मोटरसाइकिल खेंदोन, गोहला उईय्या गे अइडो मल खेंदर टेक्टर खेंदोन ?

- खुयूस

29. खुयूस दस रूपया ही कई ठो लॉटरी खिंदयस ?

- ओन्टा

30. ने बुझरआ पोल्ला हेल्लरा का लॉटरी टिकट खेंदर दव नंजकन का मलदव ?

- खुयूस

31. खुयूस, कलुवास गने एकते एड़पा काला गे एवंदा कोस ही डगरे नपआ हेल्लरस ?

- 6 कोस

32. एकने – एकने निशा एत्ता लगी अन्ने–अन्नेम नेका गे चिंता–फिकिर मना हेल्लरा ?

- खुयूस गे

33. कलुवास एन्देर इंज्जो मल चिच्चास होले खुयूस गे एड़पा नु मसकिल मनो कालो ?

- चोप्पो इंज्जो

34. खुयूस एन्देरन बांस ढूढरी नु सजना ही घोख़दस अरा बझरोओ होले ओथरोओस ?

- टिकटन

35. 10 रूपया ही टिकट मल बझरोओ होले बांस ढूढरी ता टिकटन खुयूस एन्देर नन्ना ही घोख़दस ?

- ओलदअना ही

36. कलुवास एड्पा अंड्सर खुयूसिन एन्देरा मल्ला बअदस ?

- चोप्पो इंज्जो

37. तीखिल बदे एन्देरा हूँ सौदा मल एरर ने खुयूसिन केबा हेल्लरा ?

- खुयूस ही उर्बनी
- बेगर अमखी ही मंडी मेलखा ती इत्ती | अहड़ा – इंज्जो टो मला कम से कम औंद मुट्ठी अड्खा ओंदरोओय पहकन, इन्ना मंडी भइर पुख्ओन की मड़ाबओन बअर उरुबनी खुयूसिन केप्पा |
- खुयूस ख़द्दरगे ओंद – एंड़ गोटंग मुरकी लड्डू हूँ मल ओंदरस | उर्बनी कैरारा दरा गल्लेन पुखताचा की चुतिया चिच्चा | ख़द्दर बासी मंडी नु बेक सज्जर की मंडी ओंडर अरा तंगियो गने चुतियर |

38. बिज्जा – बिज्जा गे ने लरा – धरा मंज्जा केरा ?

- खुयूस

39. पद्दा ता आलर खुयूसिन एन्देर गाड़ी नु लच्चर की शामुकतला असपताल अंड्सताचर चिच्चर ?

- ठेला गड़ी नु

40. खुयूस आगे तिम एन्देर रूगिस रहचास ?

- हिया रूगिस (हृदय रोगी)

41. खुयूस एन्देरा खेंदर की तंगहय रोगेन अउर परदाचस चिच्चास?

- लॉटरी टिकट

42. खुयूस ही एन्देरा धकधकरना बग्गेम मंज्जा केरा ?

- बुका

43. नेख़अय बाचका ती खुयूस लॉटरी टिकट खिंदयस अरा अक्कू पिख़रआ लगदस ?

- कलुवास ही

44. नेका गे भभना मंज्जा केरा का आलस उज्जोस का मला ?

- तंग उर्बनी गे

45. ने डाक्टरस गुसन केरा दरा एइपा ता हलियातन तिंगिया अरा बाचा का एकआसेम खुयूस बच्छरदस नेकआ ?

- खुयूस ही उर्बनी

46. खुयूस हार्ट पेसेंट हिकदस बअर उर्बनीन ने तिंगिया ?

- डाक्टरस
- डाक्टरस उर्बनी ती बाचस का – खुयूस ती दुलर – बलर ती कच्छनखरना मनो, आस ही जक्को गलतीन क्षमा नन्ना मनो, भूल एरते हूँ मल मंज्जका लेखआ कत्था नन्ना मनो | आसीन भरसा चिताअना मनो का जे हूँ नंज्जास हुरमी दव दिम हिके | ओंटअम हूँ मलदव मंज्जा होले आस ही धड़कारना हिया बंद मना उंगी | इबड़ा कत्थन मेनर उर्बनी ही जिया मड़िखिया केरा |
- आलासिन बच्छाबआ खतरी उर्बनी तंग आलस ती पुना – पूना कत्था चिकनआ हेल्लरा | अदि गहि लोलो – चोपो कत्थन मेनर आस ही जिया नु जिया किरिया |

47. एन्देर करने खुयूस गे मंडी – अमखी असपताल टीम ख़क्खरई?

- बी.पी.एल. कार्ड करने

48. मूंदता उल्ला पंचायत मेंम्बरस अरा पेठ ता लॉटरी वालस एसन खुयूसिन एरा गे अंड्सियर ?

- असपताल

49. कुठरी नु कोरतेम ने खुयूस ही हाल – चाल मेना हेल्लरा अरा चांड़े कोड़े मन्ना ही दुवा नना हेल्लरा ?

- पंचायत मेंम्बरस अरा लॉटरी आलस

50. ने घोख़आ हेल्लरा का पंचायत मेंम्बरस इकला हूँ ख़न्न ओट्टा ती मल एरा लगियस इन्ना एकासे मंया लग्गा लगी ?

- खुयूस

51. पंचायत मेंम्बरस नेका गे नाख़ चान बितिरका खोखा हूँ इंदिरा आवास योजना मल चिच्चस ?

- खुयूस गे

52. पंचायत मेंम्बरस अरा पेठ ता लॉटरी वालस नेख़अय चेंबर नु कोरअर अजगुत दीरी गुटी कच्छनख़रर ?

- डॉक्टरस ही

53. तीनो झनर चेंबर ती उरखर दरा नेख़अय गुसन केरर ?

- खुयूस गुसन

54. डॉक्टरस ही एन्देर नामे ?

- डॉ. चंटर्जी

55. जन्तरन ने खुयूस ही बुका नु उईय्या अरा कोंहा – कोंहा नाख़आ गे बाचा अन्नेम मेंद नु हूँ उईयस ?

- डॉक्टरस

56. उर्बनीन ने बाचा का खुयूस गे ओन हप्ता अउर रअना मनो ?

- डॉक्टरस

57. असपताल नु खुयूस ही ख़नन अरा ततख़न ने चेकप नंज्जा ?

- डॉक्टर चटर्जीस

58. खुयूस ही उर्बनीन ने असपताल ती एइपा तईय्या चिच्चा ?

- डॉक्टरस

59. उर्बनी गे गाड़ी भंडा बअर पंचायत मेंम्बरस एवंदा ढिबा चिच्चस ?

- 50 रूपया

60. पंचायत मेंम्बरस अरा पेठ ता लॉटरी वालस एन्देर नु असपताल बरचका रहचर ?

- मोटरसाइकिल नु

v. डॉक्टर चटर्जीस अलीपुर ता साईक्राटिस्ट डॉ. मित्रासिन फोन नंज्जस |

61. डॉ. मित्रास खुयूसिन एरागे एका बीरी असपताल अंड़सियस ?

- पुतबीरी

62. खुयूसिन हुरमी रकम गहि चेकप ने नंज्जा ?

- डॉ. मित्रास
- ब्लड प्रेसर, कार्डियोलॉजी, ई.सी.जी., एक्स-रे इबड़ा हुरमी चेकप फिरी – फ़ोकट नु मंज्जा | आखरी नु डॉ. मित्रास खुयूसिन मेंज्जस – आस एन्देरा मोखा – ओना बेद्दस, तिस्सा, तिनना, ख़ड़ख़ का कसा | आस नेकन बग्गे मंय्या नन्दस - मुक्कन का ख़द्दारिन | नेख़अय मंइय्या बग्गे भरसा अरा विश्वास रई | ख़न्दरआ उरखी का मला | कैर लग्गी का मला|

63. डॉक्टरस ही सवाल नंज्जका कत्थन ने बुझरआ पोल्ला ?

- खुयूस

64. डॉ. मित्रास नेकन बाचस का खुयूस ही लोभन धीरे – धीरे, रसे – रसे घटाबअना मनो ?

- डॉ. चटर्जीसिन

65. खुयूस ही एवंदा ढिबा लॉटरी नु बझरकी रहचा ?

- ओंद करोड़

66. ओंद करोड़ कत्थन उन्दुल नुम अम्बके तेंग्गा डॉ. चटर्जीसिन ने बाचा ?

- डॉ. मित्रास

67. ओंद उल्ला डॉ. चटर्जीस खुयूसिन बाचस निंग्गा ओंद हजार चिओन होले एन्देर ननोय ख़ने खुयूस एंदेर बाचस ?

- मुक्का – ख़द्द गे किचरी खेंदोन बाचस

68. नन्ना उल्ला डॉ. चटर्जीस खुयूसिन बाचस निंग्गा दस हजार चिओन होले एन्देर ननोय ख़ने खुयूस एंदेर बाचस ?

- दुदही ओना गे ओय खेंदोन अरा गोहला उईय्या गे अड्डो

69. नाख़ता उल्ला डॉ. चटर्जीस खुयूसिन बाचस निंग्गा दस लाख चिओन होले एन्देर ननोय ख़ने खुयूस एंदेर बाचस ?

- शामुकतला नुम ख़ल्ल खेंदोन,
- एड़पा कमओन,
- बस्ती नु ख़ल्ल खेंदोन की खेस्स अरजोओन,
- ख़द्दर गे मोटोरसाइकिल खेंदोन चिओन |

70. करोड़ रूपया नु तीन लाख नेका गे कमिसन रुपे ख़क्खरना रई ?

- लॉटरी एजेंटस गे

71. ई हजार, लाख, करोड़ रूपया ही कत्थन डॉक्टर गहि बई ती मेंज – मेंज ने खिजरारआ ख़चकी रहचा ?

- खुयूस

72. पन्द्ता उल्ला डॉ. चटर्जीस खुयूसिन बाचस निंग्गा ओंद करोड़ चिओन होले एन्देर ननोय ख़ने खुयूस एंदेर बाचस ?

- अदहा हिंसा निंग्गागेम ची लगओन

73. अकचकरनुम खुयूसिन ने बाचा "कि बलछो तुमी" ?

- डॉ. चटर्जीस

74. गरीबर झूठ मल बअनर अदहा हिंसा निंग्गागे ची लगओन खुयूस नेकन बाचस ?

- डॉ. चटर्जीसिन

75. खुयूस ही अदहा हिंसा निंग्गागे ची लगओन ही कत्था मेनर ने अकबकरा केरा ?

- डॉ. चटर्जीस

76. ओंद करोड़ ही अदहा 50 लाख मनी, होले एन 50 लाख ही उर्बन मनोन कालोन ने घोखआ हेल्लरा ?

- डॉ. चटर्जीस

77. नेख़अय गोट्टा मेंद चिंगबिंगरआ हेल्लरा अरा बुका धकधकरआ मलता असरा हेल्लरा?

- डॉ. चटर्जीस ही

78. खुयूस लॉटरी टिकटन एसन खोसका रहचस ?

- कड़मा नु

79. खुयूस लॉटरी टिकटन कड़मा ती ओत्थरस की नेका चिच्चस?

- डॉक्टरगे

80. ने लॉटरी टिकटन असरते झुकनुम खंडका मन्न लेखआ ख़तरस अरा सितपतांग मंजस केरस ?

- डॉक्टरस

81. टिकटन ने पोल्ला झोकआ ?

- डॉक्टरस
- सुपट आ बीरिम सिस्टर कुजूर हूँ ट्रे नु दवाई धरचा कि खुयूस ही कुठरी नु कोरचा, ईरी का डॉक्टर चटर्जीस साइे नु खतरकआदस | कप्प इरिया डॉक्टरस ही साँस – बाँस एन्देरा हूँ मल्ला, डॉक्टर ही हार्ट अटैक मंज्जा किरकी रई |

18

झरियो मला झरना

1. झरियो मला झरना टीप गहि टुड्ड ने तली ?

• डॉ फ्रांसिस्का कुजूर

2. झरियो अरा पद्दा ता कुकोयर परता किय्या ती कुक नु एंदरा कुम्मा की परता मईयां अरगा
लगियर ?

• अम्म अड़ी

3. परता मईयां एंदेर पद्दा रहचा ?

• गनी पद्दा

4. गनी पद्दा नु एवंदा बच्छर ती चेंप मल बरचकी रहचा ?

• एंड बच्छर

5. एका पद्दा नु चापाकल अरा सड़क मल रहचा ?

• गनी पद्दा नु

6. गनी पद्दा ता आलर गे एंदेर खतरी अगम ससइत मना लगिया ?

• अम्म खतरी

7. परता मईयां एका गुसन ओंटा झरिया रहचा ?

• धंसना अइड़ा नु

8. झरिया ती तनी – तनी अम्म चुरख़ा लगिया आ अम्मन बेंदआ गे एंदेर नंज्जका रहचा ?

• डोभा कमचका रहचा

9. डोभा एंदेर नु कमचका रहचा ?

• पखना नु

10. माखा बीरी अम्म जमा मना लगिया होले एका पद्दा तर धसना गुसते अम्म ओंदरआ पईरी
काला लगियर ?

• गनी पद्दा तर

11. झारियो एका पद्दा ता पेल्लो रहचा ?

• गनी पद्दा ता

12. झरियो गहि खोखा – खोखा ने अम्म ओंदरआ काला लगिया ?

• पद्दा ता पेल्लर

13. झरियो उन्दुल एंदेर खज्ज ती कुक्कन ख़ज्जरा अरा किचरी नुड़ीया ?

- ईसुंग ख़ज ती

14. झारियो गुमला नेखय बेंज्जा काला गे अकय खुसमारआ लगिया ?

- तंग संगिनी (लीला ही)

15. झरियो गहि तंग संगनी गहि एंदेर नामे ?

- लीला

16. झरियो गहि सन्नी तंगडी गहि एंदेर नामे ?

- झुनु

17. झुनु एंदरा बेचा लगिया ?

- बिती

18. झुनु बिती एकसन बेचा लगिया ?

- चाली नु

19. गुमला सहर एरा गे झरियो संग्गे ने काला बिद्दी ?

- झुनु

20. नीन अक्कुन सन्नी रअदी गुमला ता लूरकुडिया नु कालोय होले गुमला सहर एरके ने बाचा ?

- झरियो

21. झरियो तंगियो एंदेर नना लगिया ?

- पतंगाली ओजा लगिया

22. झरियो तंगियो पतंगाली बीसा एसन काली ?

- गुमला पेठ

23. झरियो तम्बस परता एंदरा ओंदरआ केरका रहचस ?

- एप अरा कंक

24. झरियो खेंस्सो – खेंस्सो अरा हरदी रंग गहि एंदरा चोक्खा ?

- पान

25. झरियो संग्गे रअते – रअते तेताली, पान, तेला, किट्टी, जम्बू हुरमी खंज्जपा ने मोखा लगिया ?

- लीला

26. झरियो एवंदा बग्गे पान जबकी अरा चोख़चकी रहचा ?

- ओंद झोला

27. क्लास नु ओरमर ती चैंठा कुकोय ने रहचा ?

- लीला

28. झरियोन लीला हेद्दे ओक्का गे ने बाचा ?

- बचतुउ आली

29. झरियोन एरर ने बाईयन बेगरआ लगिया ?

- लीला

30. निंघहाय कुक चआं लगी, नेला नींन नोइर बरके तबे एन्गहय गुसन ओके झरियोन ने बाचा ?

- लीला

31. परता नु डोय एसुंग, कोरोंजो एसुंग अरा पुसरा इसुंग खली खक्खरई ने बाचा ?

- झरियो

32. झरियो तम्बस लुरकुडिया काला बरआ खतरी अदि गे एंदरा खिन्दका चिच्चका रहचस ?

- साइकिल

33. झरियो एंदेर ती लुरकुडिया काला बरआ लगिया ?

- साइकिल ती

34. झरियो नन्ना उल्ला एंदेर ती चुट्टीन नुड़ीया खने अदि गहि चुट्टी फुर – फुर उड़ीयारआ लगिया ?

- इसुंग ख़ज्ज ती

35. झरियो गहि चुट्टीन एरर ने अकबकरा अरा हयकटरा केरा ?

- लीलावती

36. एंदेर सिम्पू ती चुट्टी नुइकी रअदी इवंदा बिलचा लगी ने मेंजा ?

- लीलावंती

37. झरियोन झरना ने बाचा ?

• लीला

38. झरियो गहि पूरा नामे एंदरा रहचा ?

• झरियो कुजूर

39. मेट्रिक परीक्षा खोखा निंगहय एड्पा कालोन ने बाचा ?

• झरियो

40. परता तरती एका आदिवासी पल्लोन उन्दरकी रअदी छुत मनो कालो ने बाचा ?

• लीला तंगियो

41. लीला तंगियो नेकन एंदरा हूँ मल एवंसरआ चिआ लगिया ?

• झरियोन

42. पच्चा आलर लेखआ चाल बेहवार नेखय रहचा ?

• लीला तंगियो ही

43. नीन अम्बके खिसारआ एंगहाय बेंज्जा नु मानिम बरके ने बाचा ?

• लीला

44. झरियो गे बेंज्जा गहि अतख़ा इकला अइसिया ?

• बेंज्जा खोखा

45. पियुनस अतख़ा एकसन गुटी ओन्दरदास चिअदस ?

- परता कीता पद्दा गुट्टी

46. परता किय्या पद्दा ती अतख़न जमा ननर गनी पद्दा ने अइसतिई चिई ?

- चौकीदरस

47. झरियो तंगआ साइकिलन एकसन उईय्या लगिया ?

- तंग ककस गुइया

48. तंग ककस गहि एड़पा एकसन रहचा ?

- परता किय्या पद्दा नु

49. झरियो तंगआ संग्गे ही बेंज्जा एंदेर नु काली ?

- साइकिल नु

50. भौरोद झारिओन एकसन दगचकी रहचा ?

- खेक्खन (तंग ककस ही एड़पा नु)

51. झरियो लीला गहि एड़पा अड़सिया भीतरे कोरचा ख़ने ने अम्म – अम्म बआ लगिया ?

- लीला तंगियो

52. नड़ी ती ने कुहरारआ लगिया ?

- लीला तंगियो

53. नड़ी बीरी लीला तंगियोन अम्म ने ओंताचा ?

* झरियो

54. लीला तंगियोन किचरी चइंदअर कपड़े नु ने उईच्या ?

* झरियो

55. झरियो लीला तंगियोन तुलसी अतख़ा, गोलमिर्च अरा अद्खी गहि एंदरा कमअर ओंताचा ?

* काढ़ा

56. झरियोन लीला ने बुझरआ लगिया ?

* लीला तंगियो

57. झरियो मंडी एइपा नु कोरचा की लीला तंगियो गे एंदरा कमचा चिच्चा ?

* असमा

58. झरियो लीला तंगियोन एंदेर ती असमा मोख़ताचा ?

* दुदही ती

59. दवाई दोकान ती दवाई खेंदर लीला तंगियोन ने मोख़ताचा ?

* झरियो

60. भईर माखा लीला तंगियो गहि सेवा ने नंज्जकी रहचा ?

* झरियो

61. लीला तंगियो नेखय ती छेमा (क्षमा) नेचा ?

- झरियो ती

62. ससरईर ती बरचा दरा लीलाद झरियोन एकसन ईरिय्या ?

- मंडी एइपा नु

63. झरियोन खिंवचिया की ने चीख़ा हेल्लरा ?

- लीला

64. लीला झरियो गे बेंज्जा ता संदेस बअर एंदरा चिच्चा ?

- चमचम साड़ी

65. झरियो लीला गे एंदरा होंचा चिचकी रहचा ?

- पंजका पान

66. लीला रीझ ती एंदरा मोख़ा हेल्लरा ?

- पान

67. नन्ना उल्ला ने झरियोन चोन्हा ती बिदा नंज्जा ?

- लीला अरा तंगियो

68. मानिम निंग संग्गे झरियो मला झरना तली ने बाचा ?

- लीला तंगियो

19

ठकउर उन्दुल ठकरनर

1. ठकउर उन्दुल ठकरनर टीप गहि टुड्रू ने तली ?

- प्रो. महाबीर उराँव
- ओन्टा पद्दा नु इरिब (निःसंतान) पच्चो – पचगिर रहचर | आर गहि ख़द्द – ख़र्रा मल रहचर |

2. नेख़अय गुसन ओन्टा गोला अरा ओन्टा संवना अइडो रहचा ?

- पच्चो – पचगिर गुसन

3. नेख़अय खेबदा जोक्क मल्ल मेना लगिया ?

- पच्चो ही

4. ने बइहरी रहचा ?

- पच्चो

5. पच्चो – पचिगर ही ख़ल्ल – उखड़ी एका गुसन रहचा ?

- एड्पा चोल्ला तरा

6. नाल – टोंका नेख़अय बग्गेंम रहचा ?

- पच्चो – पचगिर ही

7. एंड़ो बेकेत (पच्चो – पचगिर) एन्देर नना गे फरहर रहचर ?

- नलख गे

8. पइरी बीरी खेर चिंखा खनेम चोअर दरा तंगआ – तंगआ नलख नु ने लग्गा काला लगिया ?

- पच्चो – पचिगर
- पचगीस उगता – पगसिन चेड़अर अड्डोन खेदनुम गोहला उइया चइल कालोस अरा पच्चो चुन्जो – खोंसो दरा मंडी – अमखी बीतअर तान हूँ टोंका तरा उरखा काला लगिया |

9. पच्चो – पचिगर एन्देरा अकय बग्गे अर्जाकर रहचर ?

- खुर्जी

10. सोना – रूपान पच्चो – पचगिर एन्देर नु उइय्या लगियर ?

- बिसाली (अड़ी) नु

11. ओंद उल्ला पचगीस तंगआ ख़ल्ल नु गोहला उइय्या लगियस आ बीरिम एका कुक्कोस अत्तरातिम डहरे एका लगियास ?

- फसियार कुक्कोस

12. फसियार कुक्कोस ही एन्देर नामे ?

- ठकरी

13. एका से नामे अन्नेम फसियार कुक्कोस एन्देर नलख नना लगियस?

- ठकउ नलख

14. आलर गहि अर्जाचका खुर्जोन एरर खर्रा ने सिबा ख़ारआ लगिया ?

- ठकरीस (फसियार कुक्कोस)

15. पचगीस गहि गोहला पुन्दनन एरर अम्म अम्म ओन्ना नंग्गु (बहाना) पचगीस गुसन ने केरा ?

- ठकरीस

16. पचगीसिन ने बाचा का अज्जो निंगहय गोला अड्डो गा पकम लंडी (कोढ़िया) रई ?

- ठकरीस

17. ठकरीस, पचगीसिन एन्देर ती रंगआ दरा गोला अड्डोन पंडरू नना होले फरहर एको बाचस ?

- चुन्ना ती

18. पचगीस ठकरी ही फसियार कत्थन पइताचस की एका अड्डोन चुन्ना ती पंडरू रंगचास ?

- गोला अड्डोन

19. गोला अड्डोन चुन्ना ख़सना बीरी पचगीस ही ने संगरा चिच्चा ?

- ठकरीस

20. जोक्क गंहड़ी खोखा पचगीसिन ने अनिया का एंग्गम अम्म ओना तुक्का लगी ?

- ठकरीस

21. पचगीस नेकन बाचस का ओंदा एंगहय चंदिलन धरआ होले एन एड़पा कालर पच्चोन अम्म आनर (बअर) बरदन |

- ठकरीसिन

22. एड़पा कालर पचगीस नेकन आनदस का ओन्टा बबुस बरचकस रअस, आसगे अम्म ओन्ना तुक्की रई | बरओस होले बिसाली ता अम्मन चिअके |

- पच्चोन

23. बबुस बरओस होले बिसाली ता अम्मन चिअके पचगीस नेकन बाचस ?

- तंग पच्चोन

24. गोहला उइना तरा किर्रार पचगीस अम्म ओना एड़पा नेकन तईयस?

- ठकरीसिन (कुक्कोसिन)
- कुक्कोस पच्चोन बाचस – "अज्जी एखो अम्म अड़ी, एका अड़ी ता अम्म दव लग्गो |" पच्चो बाचा एन्देरा अड़ी – अड़ी नन्दय, एन पचगीस ही तिंगका कत्थन मेंजकन जूना| बिसाली ता सोनन चिआ गेम मला अनियस |

25. पच्चो ही कत्थन मेनर ने अगम खुसमारा ?

- ठकरीस

26. अज्जोस एंगहय पंडरू अइडोन खिंदयस दरा अदिनुम गोहला पुंदुचका रअदस, पच्चोन ने अनिया ?

- ठकरीस

27. अदा एरय पुंदुचका अइडो नु निम्हय पड़रू अइडो एखो रई, पच्चोन ने अनिया ?

- ठकरीस

28. पच्चो, गोहला उइना तरा एरर नेख़अय फसीयर कत्थन पड़ताचा ?

- ठकरीस

29. पच्चो एन्देर ती सोनन ओथरअर कुक्कोस (ठकरीस) गे चिच्चा ?

- बिसाली ती

30. पच्चो ही चिच्चका सोनन होअर ने बोंग्गा केरा ?

- ठकरीस

31. ठकरी कुक्कोस सोनन होअर भोंगनुम – भोंगनुम एकसन कोरचस केरस ?

- टोइंग नु

32. मजही टोइंग नु ठकरीस एन्देरा चूतका/बीडीरका इरियस ?

- लकड़ा

33. मजही टोइंग नु एन्देरद निरदंद ख़न्दरआ लगिया ?

- लकड़ा

34. लकड़ान एरर नेख़अय जिया इलिचका ती खेड़ड – खेक्ख असरा हेल्लरा ?

- ठकरीस ही

35. जियान डिढ (साहस) ननर की लकड़ा गहि खोलन पयापुर (मजबूती से) धरअर ने गुर्जआ (धुकआ) हेल्लरा ?

- ठकरीस

36. लकड़ा गहि खोलन धरअर की गुर्जअना ती ठकरीस ही एन्देरा छितिछान मंज्जा केरा?

- सोना

37. ठकरीस लकड़ा ही खोलन धरअर गुर्जआ लगियास आ बीरिम घोड़ो नु अरगर टोइंग डहरे नु ने बरआ लगिया ?

- बड़ीयस (बनिया)

38. बड़ीयस ही एन्देर नामे ?

- भीखन

39. ठकरीस गहि नलखन (लकड़ा गुर्जअनान) एरर ने हयकट मंज्जा केरा ?

- भीखन बड़ीयस

40. ठकरीस नेकन बाचस का बरा अरा लकड़ा ही खोलन धरअर गुर्जआ होले लकड़ा सोना – सोना पूतरई ?

- भीखन बड़ीयासिन

41. एरा तो एन गुर्जाकन ख़ने इवंदा सोना लकड़ा पूतरा भीखन बड़ीयासिन ने बाचा ?

- ठकरीस

42. लकड़ा ही खोलन नेकन धरताअर ठकरीस बिजिरका सोनान पेसा हेल्लरस ?

- भीखन बड़ीयासिन

43. भीखन बड़ीयस नेख़अय कत्थन पइतारअर लकड़ान पुरहेम गुज्जआ हेल्लरस
?

- ठकरीस ही

44. ठकरीस नेख़अय घोड़ो नु अरगर भोंगस केरस ?

- भीखन बड़ीयस ही

v. पचगीस गोहला बिछिरअर एड़पा किर्रेयस ख़ने पच्चो तंग पचगीसिन हुरमी
कत्था तिंगया |

45. पच्चो ही कत्थन मेनर नेख़अय खींस चुंदी नु अरिगीय केरा ?

- पचगीस ही

46. पचगीस नेकन बेद्दा गे उरुखदस ?

- ठकरी कुक्कोसिन

47. टोइंग अंड़सर पचगीस नेकन एरदस का आस लकड़ा गहि खोलन धरअर
गुज्जआ लगदस ?

- भीखन बड़ीयस

48. ढेर गंइही/गंहड़ी ती गुज्जअना (किंदरअना) चड़्डे एन्देरद अकुड़ – बकुड़ मना
हेल्लरा?

- लकड़ा

49. एन्देरद बड़ीयस गहि खेक्खा ती बुचड़ारना ही तिहा नना हेल्लरा ?

- लकड़ा

50. ने घोखआ लगिया का लकड़ा खेक्खा ती अम्बरा होले आसीन मोखो चिओ ?

- भीखन बड़ीयस

51. लकड़ाद नेख़अय खेक्खा ती गुर्जअना बेड़ा अचका अम्बरा केरा ?

- भीखन बड़ीयस ही

52. एन्देरद खतेरनुम – चोअनुम एर्खा – पीता भोंगा ?

- लकड़ाद

53. खतेरनुम – चोअनुम एर्खा – पीता लकड़ाद एका तरा भोंगा ?

- मंदा तरा

54. ठकरी बअर पचगीस नेकन धरचास ?

- भीखन बड़ीयासिन

55. बड़ीयस ओरे ती हुरमी कत्थन नेकन तिंगयस ?

- पचगीसिन

56. बड़ीयस अरा पचगीस नेकन बेद्दा हेल्लरर ?

- ठकरीसिन

57. भोंगनुम – भोगनुम ठकरीस नेख़अय एड़पा अंड़सियस ?

- मलंग लदउस ही

58. मलंग लदउस ने रह्चास ?

- सोनारेस

59. एन नलख नना गे जोंख़ बेद्दन चिअदन सोनारेसिन ने बाचा?

- ठकरीस

60. नेका एंड़ गोटंग नलख ननु आलर गहि अकय चाँड़ रहचा ?

- सोनारेस गे

61. एन निंग्गा अक्कुनुम एंड़ गोटंग नलख ननु आलारिन बेद्दोन चिओन बअर ठकरीस, सोनारेस गुसते एवंदा सोना होंच्चस ?

- सोड़डी/सुड़डी (100) गोटंग
- ठकरीस सोनन इंजरस (झोकचास) दरा बाचस – "अक्कुन एंड़ गोटंग आलर एंगन बेद्द्नुम – बेद्द्नुम बरओर आरिम जोंख़ ख़टउर तलनर |

62. पचगीस अरा बड़ीयस नेख़अय एड़पा बरअर ठकरीस ही पत नु मेन्नर ?

- मलंग लदउस ही (सोनारेस ही)

63. पचगीसिन अरा बड़ीयासिन ने बाचा का अक्कू नीम एंगहय एड़पा नु जोंख रअर नलख ननोर |

- मलंग लदउस (सोनारेस)

64. पचगीसिन अरा बड़ीयासिन मलंग लदउस एवंदा उल्ला गुटी तंगआ एइपा नु
नलख नन्ना ही पत नु बअदस ?

- मूंद बच्छर

65. पचगीस अरा बड़ीयास नेकन बुझाबअनुम बाचर का आस (ठकरीस) अगम
ठकउ अरा फसीयर आलस रअदस ?

- मलंग लदउसिन

66. पचगीस ही अरा बड़ीयास ही कत्थन मलंग लदउस मल पइताचस अरा एवंदा
उल्ला गुटी तंगआ एइपा नु नलख खटताचस?

- एंड़ बच्छर

67. आलारिन ठकनुम – ठकनुम ने नन्ना राजी अंड़िसिया केरा ?

- ठकरीस
- उन्दुल ठकरीस असता बेलासिन ठकआगे बिज्जना ती मुन्धीम तंगहाय घोड़ो
  गहि चउगुड़दा सोनन छितराचस दरा जोक्क गंहड़ी नु बिज्जिया ख़ने हुरमी
  सोनन ओन्टा – ओन्टा पेसा हेल्लरस | आ बीरिम ओन्टा जोंख़स असन
  अंड़िसियस अरा मेंज्जस |

68. जोंख़स नेकन मेंज्जस का नीन इसन एन्देरा पेसदय ?

- ठकरीसिन

69. जोंखासिन ने बाचा का एंगहय घोड़ो खेर चिंख़ाना बेड़ा नु सोना – सोना इरखी
अदिनुम जूना पेसा लगदन ?

- ठकरीस

70. घोड़ो सोना एरख़ना ही कत्थन बेलासिन ने तिंगया ?

- जोंख़स

71. ठकरीसिन बेलस मेंख़ताचस अरा घोड़ो खेंदना ही कत्थन बाचस ख़ने ने अगम खुसमारा ?

- ठकरीस

72. ठकरीस घोड़ो ही मुली बेलस ती एवंदा होअदस ?

- सोयदी (60) गोटंग सोना

73. सोना इरखु घोड़ोन खेंदर ने अगम खुसमारा ?

- बेलस

74. सोना इरखु घोड़ोन खेंदर बेलस एन्देर गहि पाब एरा हेल्लरस?

- खेर चिंख़ना ही

75. एका बीरी खेर चिंखो बअर ने भईर माख़ा मल ख़न्दरा ?

- बेलस

76. बिज्जिया ख़ने ने एरा केरा ख़ने आस गहि घोड़ो सोना – सोना मल्ला इरिख़का ?

- बेलस

77. बेलस एंदरन पस्स – पस्स (मार – मार कर) खेद्दस चिच्चस?

- घोड़ोन
- बेलस संवसे बेलखा नु डमुवा ठोकताचस का "ने हरा आ ठकउ, फसीयर ठकरीसिन धरअर ओंदरोओर आर गे एन ओन्टा सोना गहि मोड़न बकसीस नु

चिओन |

78. ठकरीस अकय गेच्छा एका राजी अंड़सियस केरस ?

- पंईय्या राजी

79. पंईय्या राजी नु अकय कोड़हे एन्देरा खतरआ लगिया ?

- कीबा (शीत – पला)

80. कीबा ख़तरना चड़डे आलर आ राजीन एन्देर बअनर ?

- कीबा राजी मलता पंईय्या राजी

81. एका राजी नु ओन्टा लूरागर अरा पंखराज बेलस रहचास ?

- कीबा राजी/ पंईय्या राजी नु

82. ओंद उल्ला ओन्टा कोंहा ले एड़न होअर ठकरीस नेकन ठकआ गे केरस ?

- कीबा राजी/ पंईय्या राजी ता बेलासिन

83. ई ए-ड़ा पंईय्या मुखी बअर पंईय्या राजी ता बेलासिन ने ठकआ केरा ?

- ठकरीस

84. एंग्गा एंगहय राजी किर्रना रई ढिबा ही चाँड़ रई बअर ए-इन बेलस गुसन ने बीसा केरा?

- ठकरीस
- बेलस बाचस - एन्ने बअदय होले एन इदीन खेंदोन पहें एन बेगर परिखत (प्रयोग कर देखना) ननाम एका से अख़ओन का ई ए-ड़ा पंईय्या मुखी, लगे नीन ई ए-ड़ा संग्गेम रअर ओंद माख़ा बिंजतआ होले जून अख़तारओ का ई ए-

ड़ा मानिम पंईय्या मुखी |

85. बेलस गहि कत्थन नेका इंजीरना मंज्जा ?

• ठकरीस गे

86. ए-ज्ञान अरा ठकरीसिन ठेठमुगरे ओंद माख़ा एकसन रआ गे बेलस पेसचस ?

• कुठरी नु

87. कुठरी गुसन तंगहाय जोंख़र गने ने बरचा ?

• बेलस

88. एकासे – एकासे माख़ा मना हेल्लरा अन्ने – अन्नेम नेख़अय खोचोल पंईय्या ती भीनना लेखआ लग्गा हेल्लरा ?

• ठकरीस ही

89. ठकरीस ही एन्देर खट – खटरअन असरा हेल्लरा ?

• पल्ला

90. नेका पंईय्या ती खेओन कालोन भेसे लग्गा हेल्लरा ख़ने बेलस ती छमा (क्षमा) नेआ हेल्लरा ?

• ठकरीस

91. बेलस नेकन छमा मल नंज्जास ?

• ठकरीसिन

92. पन्ना गहि बिरिन अतअर जेहेल नु बेलस नेकन सज्जस चिच्चस?

- ठकरीसिन

93. ठकरीस गे जेहेल नु एवंदा उल्ला गुटी रअना मंज्जा ?

- खेअना गुटी
- ओरमारिन ठकउस उन्दुल ठकरस केरस |

94. एन्देर कत्था उन्दुल मला उन्दुल धरई काली ?

- फंसीयर कत्था

20

उढ़ारी

(लेखक - विमल कुमार टोप्पो)

1. ढिबरीन फूर्र दिना ऊरचाकि तेभा दरा सुकस ही झपरका किचरीन चलखा कि ने घुसियारा दरा चूतिया ?

• रमिया

2. ने घोखई (सोचना) का पइरी चांड़ेम चोअर कि असमा मेक्खना मनो ?

• रमिया

3. पइरी ने राँची कालो, कोहां लूरकुड़िया नू बचआ – टूड़ागे ?

• सन्नीस

4. रमिया अरा सुकस ही तंगदस गे एन्देर नामे ?

• सन्नीस

5. सन्नीस संग्गे राँची कोहां लूरकुड़िया नू बचआ – टूड़ागे ने कालो ?

• सन्नीस ही संगियर

6. सन्नीस अरा आस ही संगियारिन कालचीनी हासीमारा गूटी अंड़सतआ ने काळो ?

- सुकस

7. आलर मोती बस अरा परसाद बस बअनर आ बस गाड़ी नूम अरगोर कि सन्नीस अरा आस ही संगियार एसन कालोर ?

- राँची

8. डगरे खरचा गे अलखड़ा अरा गुल्ले नेका खिंदका रई ?

- सन्नीस गे

9. रमिया तीखिल उपचकी र'ई,, बिज्जा खनेम पट्टा नू कसअर दरा इसूंग ती नेकागे असमा बारो - मेक्खो चिओ ?

- सन्नीस गे

10. सुकस उतना चूतकाचस, चोक्खो मंज्जस खने नेख़अय झपरका किचरी नतगरा केरा ?

- रमिया ही

11. ने ओंगहोन एकला बतरे बेसे राँची शहरन ईरकीचा खने रेल लाइन कमरआ (बनना) लगिया ?

- रमिय

12. आलार पन्ना, पखना अरा सिमीट ही कोहां-कोहां एन्देरन अट्टा लगियार ?

- कण्डोन

- ओरमय बआ लगियय पन्ना मइय्या पन्ना ही दिम गाड़ी चलरोओ। चका हूँ पन्ना ही दिम मनो, राँची ती कलकत्ता कालो - बरओ रमिया हुरमीन ए:रा पुलकीचा अवंगे घोखआ लगिया।

13. ने पका एड़पा गुट्ठीन दरा डगरे ता पाँती-पाँती टंगचका बिजली बिल्लीन रांची सहरनुम एरार किम भकुवारकी किरकीचा ?

- रमिया

14. ने खुसमारआ लगिया की आद भोटांग राजी, कोड़ा राजी काला लगी ?

- रमिया

15. संगियर गने बोंग्गा की राँची ने अंड्सकी रहचा ?

- रमिया

16. ने घोखआ लगिया का पद्दन्ता ने हूँ बलनय,का आद भोटांग राजी, कोड़ा राजी केरा अरा एंगन एड़पानु मल एरोर होले आलय उढ़ारी बोंग्गा जुन बओर ?

- रमिया

17. कोहां अरा दिगहा गाड़ी ने इकला हूँमल ईरकीचा ?

- रमिया

18. पद्दान्ती संगियय गने ए:कते ओन्द उल्ला ओन्द माखा नू राँची ने अंड्सिया ?

- रमिया

19. रांची नु डगरे कूटी ता मन्न पेन्दा नू अड्डा - अड्डा होरमय तंगआ-तंगआ एन्देरा खटआ लगियर ?

- मण्डी

20. रमिया तंग्हय एन्देरन खिंवचिया दरा खे-खेल ती मइय्या उटऊ (झुका हुआ) मंज्जका मदगी पादा नू ओक्कारकि मइर कूगी ?

- मुटरीन

21. ओरमर मन्न किय्या चिलआ - कबआ एन्देर नना लगियर ?

- ओना – मोखा लगियर

22. नेख़अय गुसन कटि बड़ा भूंजा रहचा आद डगरे नूम मुज्जरा अरा धुकड़ी लइ्ड़ू हूँ बासी मंज्जा केरा ?

- रमिया

23. ने जोक्क ख़न्दरिई जोक्क इजरिई ।

- रमिया

24. कीड़ा ती बग्गे खड़िद्का नेकागे लग्गा लगिया ?

- रमिया गे

25. उ़ख़ा नू ओक्कारकि होरमारिन ने थिथाबिई का होरमयगा जोड़ा जोड़ा रअनय ?

- रमिया

26. ने तान एकला रहचा ?

- रमिया

- एकअम नलख रआ नेकआ रमिया हुरमीन उंगगी। पद्दानु हुरमी नलखन नना लगिया। सन्नी परिया तिम नलख सिक्खरा। एड़पा बहरी ता नलख हूँ नना लगिया आद।

27. ने नलख एकला ननताआ लगिया पहें ढिबा मल चिआ लगिया, सोड़ा मण्डी भईर ख़क्खरआ लगिया ?

- गोल्लर (राजा – रजवाड़)

28. आउर तो आउर एकसन नलखद हूँ मल खखरि'ई अरा चान-चान अकाल मनी ?

- नगपुर नू

29. चेंप- झड़ी मल मनी होले एन्देरद दव मल मनी ?

- खेस्स तीखिल

30. एका राजी नू नलख ही घटी मल्ला, ओन्ना मोखना ही हूं घटी मल्ला ?

- कोदय राजी
- सुकस चोक्खो ती उतना मंज्जस दरा टंगरीन रमिया ही कूल नू सैंगड़ाचस।
- कले कले सुकस ही ओत्था टंगरीन एत्ताचा कि रमिया हूँ चोक्खो चूतिया कि सुकासिन खोख़चा ।

31. नेका इलिचका रहचा का संइत नीकईम तंग्हय एड़पा ती बरअर कि अदिन केबते-कोड़ते एड़पा किरताचर ?

- रमिया गे

32. सेयान आलय ही बई ती असाम-भोटांग राजी ही पत्तनु दाव-दाव कत्था ने लिंज्जकी र'ई,?

- रमिया

33. रमिया फिन तंगआ एका परियान्ता कत्थन घोखआ हेल्लरा-

- सन्नी परिया ता

34. रमिया ही पद्दा गहि चौंगिड़दा एन्देर मन्न खोपोरका रहचा ?

- मदगी मन्न
- पद्दा ही उत्तरे-दखिन डगरे (रास्ता) एंड़ो पक्खे एड़पा-पली होरमर ही खपरा एड़पा । नेखय-नेखय खज्ज ही दिम पचरी, बखड़े बली(घर के पीछे) एड़ा-खेर कुसली, किस्स गुड़ा अरा गोंयसाली।

35. पद्दान्ती कटि बड़ा गेच्छा उत्तरे तरा ओन्टा एन्देरा रई ?

- टुंगरी

36. टुंगरी अरा पद्दा मझी जोड़ा भइर एन्देर मन्न रई ?

- सखुवा मन्न

37. सखुवा मन्न मूली नूम जोंखय ही एन्देरा रई ?

- जोंख़ एड़पा (धुमकुड़िया)

38. होरमा चेंड़ा जोंखर ओन्नर-मोखनर कि माखा बीरी एकसन चूतनर – बेड़ेरनर ?

- जोंख़ एड़पा (धुमकुड़िया) नु

39. एका पचगीस होरमा जोंखारिन पद्दा ही हलियत, समाज-खोइहा, देस-धरम ही कत्थन तेंगदस ?

- मंगू पचगीस

40. पद्दा मझही नूम ओन्टा कोहांम एन्देर मन्न र 'ई ?

- तेताली
- तेताली मूली नूम होरमा सन्नी-कोहांर ओक्कनर ।
- तेताली मूली नूम मेतय जोंखारिन उगता छोलना, पगसी कमना, ए:प कइड़ना टोंग-ए, कुड्डी, कन्तो ही डण्टी छोलना कमना सिखाबआ लगियर ।
- तेताली मूली नूम पद्दान्ता मुक्कर कुक्कोय ख़द्दारिन घेतला -पिटरी, चलकी एस्सना, बिण्डो कमना, किचरी ओज्जना सिखबआ लगियर ।
- रमिया सन्नीतिम तंग्हय सुपली ती धूली-चलकूरन केसते-बेचते कैंसा सिक्खरा ।
- रमिया पिटरी तेस्सा अरा चलकी एस्सा हूँ अख-ई ।
- तेताली ए:ख एकालेखा कीबा बेसे कीरतआ लगिया |
- तेताली मूली नूम मुक्कर ओक्कर कि एस्सते-ओज्जते एका लेखा दव-दव अनआ-मनआ डण्डीन पा-ड़ा लगियय बेंज्जा-पाही, असारी, जेठवारी, फग्गू, धुड़िया, जतरा, करम रमिया हुरमीन इयाइद ननी, मल्ला मोधोरका |
- बीड़ी पुतकान्ती होरमय ओण्डर-मोक्खर होले झिरगा ममूस आ तेताली मूली नू खेल ओथरअर अस्सा लगियस |
- होरमा पेल्लर - जोंखर, पच्चो - पचगी माखा गूटी पाड़ा बेचा लगियर |
- झिरगा ममूस अजगड़ रइसक रहचस।
- खेल-डमुवा अरा झाइंझ-करताल ही सइडना अरा डण्डी ही गुंजाइर ती गोटा पद्दा सुहान मना का लगिया ।

41. रमिया एका बेड़ा सन्नीम रहचा, आ परिया नू इन्नाता बेसे एन्देरा मल काला लगियर?

- लूरकुड़िया

42. रमिया एका बेड़ा सन्नीम रहचा, आ परिया नू टूड़ना-बचना नेख़अय नलख रहचा ?

- कुक्को ख़द्दाय ही

43. ने लुरकुड़िया काना अड्डा नू एड़ा खापा काला लगिया अरा परता, टुंगरी, खाड़-खोसरा, टोंका-टोड़ांग नु एड़ा, ओय-अड्डो गनेम सगर उल्ला कुद्दा लगिया ?

- रमिया
- रमिया चेंप - झड़ी रअन, पंइय्या रअन का उमहे(गरमी) हुरमी बारी आ ओन्टा एकला लहंगा अरा ओन्टा होड़ोंग बिलाउज ती जिनगी खेपना। तंगियों-तम्बसगे अउसा(पया) दिम मल रहचा जे आर कन-कन पंइय्या अरा रक-रक बिड़ना ती बछरआगे ओन्द खण्डा किचरी खेन्दोर ।

44. नाल तरा एड़ान खेदआर कि संगियय गने टटखा, कठड़ा, टमरस खड़आ दरा ने मोखा लगिया ?

- रमिया
- टोड़ंग ता किट्टी, जम्बू, पुसरा, तिस्सा-तीनना पान एका लेखा एम्बा लग्गा लगिया ।

45. एका परियान आलर ही सोना परिया बअनर ।

- ख़द्द परियान

46. नेख़अय ख़द्द परिया नु संगियय ही घटी मल रहचर ?

- रमिया ही

47. रमिया ही ख़द्द परिया नु कुक्कोय संगियय ही नामे -

- तितरी, एतवारी, बिगईन

48. रमिया ही ख़द्द परिया नु कुक्को/जोंख़ संगियर ही नामे –

- सुकरा, करमा, पुनई

49. नें तनिक ओरमर ती कोहां, रमिया ती हूँ कोहां रहचस सेयान दिम बआ ?

- सुकस

50. ख़द्द परिया नु पेल्लय जोंख्य ही अगुवा नें रहचस ?

- सुकस
- सुकस मन्न अरगा गे पिंगल रहचस ।
- एका मन्न नू ओ:ड़ा खोता र'ई, एका ढोढरो नू बी र'ई, एका ला:ता नू चोट्टो -ओसगा र'ई? सुकस हुरमीन अख़आ लगियस ।
- लार-फार चोख़आगे, कोमइखा का फुट्टालगो डाड़ा तारना र'ई का मुनगा डोंड़ो तोक्खना र'ई होले मुक्कय सुकासिन किम बेद्दा लगियर।
- पद्दा मझीन्ता तेताली पंज्जा पोठारा होले सुकस बिगर मलम मना लगिया|
- सुकस मुरली - तिरयी अस्सा लगियस होले पद्दा गूटी राँय - राँय मेन्दरआ लगिया ।
- धरमेस मानिम सुकस गे बढ़िया लूर चिचकाचस।
- सुकस ही अस्सना - पाइनान मेनर कि आलय हयकटरआ काला लगियय ।
- सुकस चक्कू-चेलए (मजकिया) हूं अनैत रहचस ।
- सुकस मल अलखू आलयन हूँ अलखतआ लगियस ।
- कठड़ा, जम्बू, टटखा, खोट्टा सुकस बिगर पेल्लर - जोंखर ही मोख़ना दिम मल मना लगिया ।
- रमिया एड़पा गुसला, डगरे कूटी ता टमरस मन्न नू अरगा ओंग्गालिया मुदा तंगियो अदिन बरजआ लगिया- "अना कोय, मुक्का जतियय अरगनय होले मन्न खि-ई बअनय, अमके अरगा मल कोड़े....।
- रमिया मन्न अरगर कि ख़े:ना गदरा-पंज्जका टमरसन चोख़अर कि मोख़म लगिया ।

51. कुसली ता पठरू में-में बाचा खने नेख़अय घोखना आउर ओंगहोन हिरी- बिती (लय टूटना) मंज्जा केरा।

- रमिया ही

52. एन्देरद तंगियो ही दुदहीन चपुड़ - चपुड़ ओना लगी ?

- पठरू

53. रमिया कस्समस्सरा कि सुकस तरा मुहड़ाचा सुकस खेड्डन एन्देर ओड़ा बेसे पथराचस कि चूतियस दरा बरख़ा हेल्लरस ?

- हेटेटेंव ओड़ा

54. नें सुकासिन कटिक ठुइडा/थूकड़ाचा ख़ने आस चोक्खो मंजस ?

- रमिया

55. इन्ना ख़न्दरआ मलम उरखो केन्दहोर, नें घोखचा ?

- रमिया

56. राँची शहर हेद्देन्ता फँसी टंगरी गुसन एन्देर कालू आलर डेरा नना लगियर।

- कोड़ा राजी

57. नें मिंज्जकीचा का खिस्सका पण्डरा सहेबय (अंग्रेज) गने मोख़ारो-मोख़ारो कुड़ख़र, मुंड़र, खड़ियर ही अजगुत कोहां लड़ाई मंज्जकीचा ?

- रमिया

58. लड़ाई नू हारचका आलाएन एका टुंगरी नू फँसरी ननारकि पिटा लगियय अंगरेज दिकू सहेबर ?

- फँसी टंगरी नू

59. ने घुखई का फँसरी ही एप (रस्सी) अक्कू गूटी जुर्किम रई अरा फँदा किय्या ओन्टा झिंग-झोंग कूबी (कुंआ)हूँ र'ई अरा आ कुबी नूम माझान माझा लगियय ?

• रमिया

60. अबड़ा केच्चका मड़ा हुरमी नाद मंज्जा केरा कि सगरो कुद्दी बअनय, नें घोख़अआ लगिया ?

• रमिया

61. इकला - इकला संदही माख़ा चिचयार-ई कि एन्दरद ब-ई "एरके हरो......कुड़ख़ारो.......हुसियार रअके, दिक्कू-बरगीरिन पद्दा कोरआ अमके चिआ.......कोरओर होले तड़री-कन्ना ती लवअके ओथ्रके...?"

• नाद

62. नेंख़अय कया इलिचकाती भुसभुसरआ हेल्लरा, संइत केत नाद इजगू बरचा होले ?

• रमिया ही

63. नें ईरी का ओरोत मेतस मुटरी चेड्डसकि अदि तरम बरआ लगदस ?

• रमिया

64. रमिया थिथाबाचा, ई:री ख़ने नें अदि तरम बरआ लगियस ?

• सुकास

65. नें घोख़अआ हेल्लरा का सुकस जल्लूर एंगन एड्पा किरताआ-होआगे बँरआ लगदस, एड्पाता आलय दिम तइका रअनय कैंदेर ?

- रमिया

66. चिनहओस बाचा कि नन्तरा मुही नंज्जा दरा नें चुकुमुकु मंज्जा चिच्चा ?

- रमिया
- सुकस ही डण्डी पाइना, मुरली - तिरयो ऊरना, अरा खेल-ढम्मा अस्सना, आस ही चंक्का - चकूड़ मन्ना हुरमी दिम रमिया गे दाव लगिया |

67. नें तंग्हय मुटरीन फौह दिना पखड़ाचस/पटकाचस ख़ने, रमिया एलोचा/ एलचा ख़च्चिया ?

- सुकस

68. रमिया कनखी ईरनूम बिड़ि-दरा (पलट कर) की ईरी ख़ने एंड़ गोटांग आलर एन्दरा धरआर कि बीत-ऊ आलर तरा बरआ लगियर?

- लालटेन
- रमिया असानिम उक्कम रइह केरा, सुकस हूँ उक्कम रअस तंग्हय मुटरी मइय्या।

69. असाम-भोटांग होउ आलर ही खेक्ख़ा नू पण्डरू-पण्डरू एन्दरा एथरआ लगिया ?

- कागद

70. होरमय गा जोड़ा-जोड़ा रअनय, पहें ने तान एकला र'ई, उतखी ?

- रमिया
- बेगर नामे टूड़का गा मल होओर ख़ने रमिया अकबक्करआ हेल्लरा उख़ा नू उक्किया कि फिकिर नना हेल्लरा । कटि बड़ा सर-खानूम सुकस तरा रमिया कनखी ईरिया ।

71. नें रमिया तरा ईरिया, मुदा चिन्हआ पोल्लस ?

• सुकस

72. सुकस नेकन बअदस/मेंद्‌दस -"एका ओरतर हिकदर हरो चाल हूँ मल नन्दर दे.... ?"
रमियान
73. जिया मल सहारा खने नें मुटरीन चेड्‌डस कि रमिया गुसन केरस दरा मेंज्जस-" उतखी बरचकी रअदी का ?

• सुकस

74. रमिया एका पद्‌दा ता रहचा ?

• महुआ टोली

75. सुकस एका पद्‌दा ता रहचास ?

• महुआ टोली

76. "ओ..... रमिया हिकदी नीन....." बाचस कि तंग्हय मुटरीन रमिया ही मुटरी गुसन मड़ाबाचस कि हेद्‌देम एका ओरतस उक्कियस ?

• सुकस
• उंगुड़्गा एंड़ो झनर ही बई ती ओन्टा बक्क हूँ मल उरखा कि सुकस कत्था ओरे नंज्जस-ने गने बरचकी रअदी ? ओखो निंग्हय जोड़ा ने तली ? एन गा बेगरजोड़ा बरचकाआदन। जोड़ा ख़खरोओर होले संग्गे हूँ चइल कालोन..।"

76 नें बुझारआ उंगियस रमिया ही जोड़ा मइलकर ?

• सुकस

77. "बेगर जोड़ा मल हाओर का ?" सुकस ती नें मेंज्जा ?

• रमिया

78. बेगर जोड़ा केरकाती सरकार धर-ई गिरमिटियारिन (सरदार/ठीकेदार) रमियान ने बाचा ?

- सुकस

79. "एन्देर अख़ओय का....." बाचा कि खेइ्ड किय्या ने ए:रा मुढ़ियारा ?

- रमिया

80. मूका नू किहनी टेकचा दरा सुकासिन मुटुर-मुटुर नें ए-रा हेल्लरा ?

- रमिया

81. "रमिया, निंग्हय हूँ जोड़ा मइलकर एंग्हय हूँ मला... गुचय नीन एन जोड़ा। मनोत, बनओ का मला ने बाचा " रमिया छछेम रही केरा ?

- सुकस

82. मने-मने ने गुनआ/घोखआ हेल्लरा सुकस गने काना दव मनो का मला?

- रमिया

83. नें घोख़आ हेल्लरा आलय अख़ओर होले एन्देरबओर.....सुकस गने उढ़ारी बोंग्गा कि असाम भोटांग केरा जुन बओर ?

- रमिया

84. नें सुकासिन अनैत कयरारई ?

- रमिया

85. बेगर बेंजरअम एकअम मेतस गने संग्गे उज्जना दाव मल्ली। पाप लग्गो होले, नें घोखआ लगिया ?

- रमिया

86. लज्जे अरा इलिचकाती नें कठुवारा चिच्चा ?

- रमिया

87. नें आउर कटिक हेदे मंज्जस कि रमियन किहनाअनूम बाचस-" एखो रमिया, मेनाल्दी का मला?

- सुकस

88. चांड़े तेंग्गय, नीन मल गछरओय होले नन्ना जोड़ा बेद्दना मनो रमियन नें बाचा ?

- सुकस

89. सुकस बुचड़ारस होले नें उतखी (अकेले) मनो कालो?

- रमिया

90. अगर कोड़ा राजी काला पोल्ला होले इसले (फँसी टुंगरी) गुसते एड़पा ने किरा हूँ पोल्लो उतखी ?

- रमिया
- परता - टोइंग, खाइ-खोसरान कट्टिया कि रमिया बरचा अक्कू गा डगरेन हूँ मोधरा केरा । एकदा अरगनी एकदा पुतनी अदिन हूँ बल्ली, एकदा एका कोंड़ा हिके ? हुरमीन बेंड़ारा केरा ।

91. रमिया चाल मल ननी ख़ने नें तंगहय मुटरीन पेसनूम चोचस कि इज्जस ?

- सुकस

92. नें तुप्पाल्खोन नुलुखनूम बाचा " मेना से का..... ?

* रमिया

93. सुकास अलखनूम नेंख़अय गल्लेन मया ती चिंगियस, आद एन्देर हूं मल बाचा, अदिगे सुकास ही ई बेलूरा नलख इन्ना दविम लग्गिया ?

* रमिया
* "बरय अन्ती नामे टूड़तोओत, नीकईम मेनोर होले एंग्हय आलस हिकदस बअके ने?" रमिया मुसमुसरनूम कुक्कान नुकचा कि "हाँ" बाचा। आर नामे टूड़ताचर कि गाड़ी अरगियर ।

94. बरय अन्ती नामे टूड़तोओत, नीकईम मेनोर होले एंग्हय आलस हिकदस बअके रमियान ने बाचा ? रमिया मुसमुसरनूम कुक्कान नुकचा कि "हाँ" बाचा |

* सुकस

95. ने नलख नना कालागे नामे टूड़ताचर कि गड़ी अरगियर ?

* सुकस-रमिया

96. सुकस-रमिया सगर उल्ला सगर माखा हेचकारते-नुकूरते राँची ती एकसन अंड़सियर ?

* सिलिगुड़ी

97. भइर डगरे सुकस ही कोखे अरा मेद नू ओठंगारते-पकरते ने बरचा ?

* रमिया

98. नेंख़अय लज्जे-बिज्जे अरा खींस-खोब एसन केरा कि छपित मंज्जा केरा ?

* रमिया ही

99. रमिया एका ओरतासिन भण्डू बआ कि तीना (घृणा करना) लगिया आसिम इन्ना अदि ही सहड मंज्जस, ख़तस दाविम गा रअदस ?

* सुकासिन

100. एकसन ढेरिम आलए गड़ी ती इत्तियय ?

* सिलिगुड़ी नू

101. रमियन नें बाचा का -"गाड़ी एंवदा गेच्छा काली एरोत, एसन ठोन्चो असन किम एत्तोत ?

* सुकास

102. बिज्जा गे सुकस अरा रमिया एकसन अंड्सियर केरर ?

* अलिपुरद्वार

103. रमिया मुंधता रेल गाड़ी एकसन ईरिया तंग्हय जिनगी नू ?

* अलिपुरद्वार नू
* मानिम से पन्ना ही गाड़ी पन्ना ही डगरे नू ईकी बुंग्गी। काला हिलरि-ई होले एका दाव सइड़ी- "छाव...छाव. ..पयसा छाव...छाव पयसा.." ब'ई। रमिया अरा सुकस आ रेल गाड़ी नूम अरगर कि काला हेल्लरर ।

104. रमिया अरा सुकस रेल गाड़ी एकसन अरगियर ?

* अलिपुरद्वार नू

105. बियाबान टोड़ांग अरा खाइ-खोसरन कट्टरकि आ रेलाद एकसन इज्जा ?

• जयन्ती परता पेन्दा नू

106. होरमर तंगआ मुटरी-झुटरीन चेड़आ कुम्मा कि नेंख़अय खोखा खोखा काला हेल्लरर ?

• सरदरार ही

107. सुकस गनें रमिया एका सरदारस ही खोखा - खोखा रायडाक चाह बगान असिया केरा ?

• तूरिया सरदारस ही

108. सुकस गनें रमिया हूँ तूरिया सरदारस ही खोखा - खोखा एका चाह बगान असिया केरा ?

• रायडाक चाह बगान

109. सुकस नेंकन होच्चस कि कालचीनी/ हासीमारा (बस स्टैंड अड्डा ही नामें) चइल केरस ?

• तंगदासिन

110. बीड़ी पुत्तिया मुदा नें एइपा मल किरिया ?

• सुकस
• रमिया भोटांग राजी ही पत्त नू घोखआ हेल्लरा

101. नेंख़अय ओन्टा पूना कम्पनी चाह हीहूं कमचर ?

• ब्रिटिसर ही (अंगरेजर ही)

102. हिमालय परता ही पेन्दा नू कोहां मन्न मास, बी:ड़ी ही रम्फ धरतीन एवंसरआ पुल्ली एन्ने एन्दरा रई ?

- टोइंग

103. झर-झर बाहना खाड़-खोसरा, कीबा बेसे कन-कन कीरना अम्म, उल्ला-माखा झिमिर-झिटा चेंप एकसन पुंइय्यां लगिया ?

- हिमालय परता ही पेन्दा नू

104. हिमालय परता ही पेन्दा नूम चाह मन्न ही खिती मनो, अदिन नें बिद्दियर की ओत्थरर ?

- बिलाइती सहेबर

105. पण्डरू सहेबय एका परता मंइय्या अरगियय दरा गेच्छा - गेच्छा राजी नू थिथाबाचय ईरियय?

- जयन्ती परता

106. ढेर गेच्छा छोटानागपुर ही टाका-टुकू नू मोखारो-मोखारो मनखा बेसे नें एत्थेरय ?

- आलय/आलर
- अयंग-बंग, भाई-बहिन, मुक्का-मेत, बेटा-बिटी, जइत - परजइत, उराँव, मुझा, खड़िया, संवतार, लोहरा - महली होरमार ओन्टाम डेरा-कुड़िया नू गंजचका । अइडा कुली बस्ती, कुली लइन ।

107. नें सगर माखा पहरा नना लगियर ?

- चौकीदारर

108. नें भोकड़ोती हुलकारआ की एःरा लगियर हुरमी ठीक-ठाक र'ई का मला ?

- चौकीदार

109. उल्ला ता गिनती गने माखा ता गिनती जुमरीई का मला, जुम्मरा होले दाव, मला बारी एन्देर मना लगिया ?

* बिपईत

110. माख़ा बीरी नेंख़अय गिनती असोकोम (खासकर) मल जुमरआ लगिया।

* जवान-सेयान पेल्लय ही
* साहेब ठिकादाररअरा सरदारय ही देह कीड़ा मेटाब - ऊ रहचय इबड़ा चेंड़ा - ललहेर पेल्लय, अंवगे पद्दा चौकीदरार ही चिन्ता मल्ला-सब ठीक है ।

111. मुदा कुक्को ख़द्द अरा मेतर ही गिनती मल जुम्मरा होले एन्दरा सड़डा लगिया ?

* सायरन

112. कोहां कोहां डण्डा - सोट्टा धरअर कि कुक्को ख़द्द अरा मेतरिन बेद्दा नें उरखा लगिया अरा कुहुरकुटा होरमय ही मुंधारे ठोकआ पसआ लगिया ?

* लठाइतर
* बग्गे गलती ननूरिन गुट-गुट ऊख़ानू बियाबान टोड़ग मझी चिआ लगियय लकड़ा, भालू, हाथी, ठिंघही अरा नेर्र चरा मनागे ।
* कम्पनी ओना मोख़ागे रासन चिआ लगिया - मोटा आटा, गुल्ले, बूट अरा चलकूर मेसा तीख़िल । मुदा कुल मल उड़आ लगिया ।
* किचरी, करेया अरा लहंगा ती एक-अम बेसे लज्जेन भइर डबआ ऑंग्गा लगियर |
* पंइय्या अरा बनेया किंको (जानवर) ती बछरआगे चालीता मन्न मुली नू कोहां लड़हान (लकड़ी बोटा) ओदआर कि चइरो - चौंगिड़दा (चारो ओर) ती चिच्च सेकरआ लगियर अरा सुक्खे-दुक्खे ही कत्था कच्छनखरआ लगियर।
* झारा-बोड़ए ओना लगियर अरा रिज्झ-रंग ही डण्डीन पाड़ा लगियर

रौद रौद कमालो
पानी-पानी कमालो

सरदार कुली पानी देबे कि नाहीं
सरदार हँड़ी पानी देबे कि नाहीं.........

- ओन्टा - ओन्टा धूंस मल्ता पेलपेले पिछड़ी झपरआर कि सगर माख़ा गुड़ू-मुसू मनर कि मुक्का ख़द्द गने बिज्जना मना लगिया ।
- सिसोन्दआ माख़ा बारी इकला घोड़ो ही खुरी सड़्दा लगिया कुली पट्टदा नू आलय ओड़का (लड़की उठाने/चुराने वाले) बअर कि ने हूं एड़पा ती मल उरखा लगियय ।

113. खेसर इड़बू मल्ता पेल्लो ख़ड़-ऊ नलख ने नना लगिया ?

- ओड़कर

114. नलख टोंका नू सहेबय नलख एःरा बरआ लगियसय होले नें गेच्छा-गेच्छा मना लगिया ?

- रमिया

115. नलख अड़ा ता लूर-ढंग, लछन दाव मल्ला अवंगे कोड़ा राजी ती सुकासिन होअर कि बोंगना ही नें घुखई ?

- रमिया
- कुली गुट्ठियय ही हुलहुली गुलामी ती बछरआरकि आल बेसे उज्जना ही हक-हकियत नेअना ही खंजपा दिम हिके "निम्नतम मजदूरी ""बगीचा श्रम आइन"।
- ई हुलहुली/आन्दोलन ननो बारी एंवदा कुली-श्रमिक अगुवारिन ससइत सहना मंज्जा।
- चाह उनियन (यूनियन) ट्रेड यूनियन हुलहुली बगान नू मना हेल्लरा।
- दलगाँव चाह बगीचा नू श्रमिक गुट्टियय मनिजरय अरर कम्पनी ही खिलाप नू अजगुत कोहां उलगुलान नंज्जय |
- कुलियर मने रकम की यूनियन ही झण्डी किय्या गट्ठा-गट्ठा (समूह) खोंड़रआ हेल्लरर।
- हप्ता-महीना नू लेबर यूनियन ही मिटिंग अड़ा - अड़ा मना हेल्लरा।

- सगरे डहो- डहो (हो हल्ला) मेन्दरआ हेल्लरा । मुदा चाह बगीचा ही कुलियय गे एन्देरा ख़क्खरा ?
- बिदेसी बिलाइती सहेबय चइल केरय, अक्कू दिसी सहेबय बगान उरबय मंज्जय ।
- तुरसा रायडक अरा सोनकोस खाड़ ता ढेर अम्म बोहारा कि चइल केरा, कलेण्डर ता ढेर-ढेर अतखा हूं निदिगिया केरा मुदा इन्ना गूटी कुलियय ही जिनगी मल सुढ़रारा ।
- बी-ड़ी अरगो, गोदाम ही भेंरे (घंट) सइड़ो, रमिया ही रोज ता नलख डोको कुम्मो कि चाह अतखा तोक्खागे बगान कालो ।
- रमिया एंड़ माख़ा मल ख़न्दरा कोड़ा राजी कत्थन घोखअर |
- रमिया अरा सुकस एंड़ो बेकत (पति-पत्नी) मंज्जर |

21

सक्ख

1. सक्ख टिप गहि टुड़ूस ने तलदस ?

• प्रो. महाबीर उराँव

2. पिटरी अट्टर चाली नु झगड़ूस ने गने कच्छुनखरआ लगियस ?

• ट्रूम्पस गने

3. चाली नु एवंदा बग्गे चियम अरा जोक्क कौंहा खेर चीलर कबड़ - मना लगिया ?

• औंद चाली

4. ने चियमन खेदचा ख़ने बूढही खेर आसिन कोतगा गे झपटआ लगिया ?

• ट्रूम्पसिन

5. झगड़ूस गहि तंगदस ने रहचस ?

• ट्रूम्पस

6. झगड़ूस गहि तंग आली गे एंदेर नामे ?

- बुधनी

7. बुधनी एइपा कत्था गे इन्दरिइम बओ होले ने खिंसारआ लगिया ?

- झगड़ूस

8. झगड़ूस मलक लवआ लगियस अरा नेख़अय एइपा तरा हड़म – हुड़म मना लगियास ?

- सुमरी ही

9. झगड़ूस गे तंगहय सन्नी कुना एइपा नु नेख़अय संग्गे बेचना नु अकय सुक्खे ख़क्खरआ लगिया?

- टूम्पस संग्गे

10. झगड़ूस सुमरी गने अलखदस कच्छ्नख़रदस अवंगे ने खिसाराई अरा सटइ ?

- बुधनी

11. टूम्पसिन पाकर ने चिंख़ा हेल्लरा ?

- झगड़ूस

12. झगड़ूस सड़क कुट्टी ओकर नेख़अय असरा एरा हेल्लरस ?

- गाड़ी बरना ही

13. "एइपा अम्बना मनो का एइपा किरॅना मनो" इबड़ा कत्थन ने बुझुरआ पोल्ला लगिया ?

- झगड़ूस

14. झगड़ूस गहि जिया नेख़अय तरा मल सटरआ लगिया ?

• बुधनी (तंग आली तारा)

15. झगड़ूस एंदेर गाड़ी नु सहर केरस ?

• टिम्पू

16. झगड़ूस सहर एका बेड़ा नु अइसियस ?

• धुन्धुर बेड़ा नु

17. झगड़ूस एका संगेस हेद्दे काला लगियास आस सहर नु एंदेर नना लगियास ?

• रेक्सा चलाबआ लगियास

18. रेक्सन झगड़ू तंग संगेस एसन उईयस ?

• रेक्सा गेरेज नु

19. झगड़ू तंग संगेस झगड़ूसिन एसन तइदस ?

• एइपा

20. झगड़ूस सहर कालर एंदेर नलख नन्दस ?

• रेक्सा चलाबअदस

21. झगड़ूस रेक्सा ओत्थरअर पइरी उरखा लगियास अरा खुड़ती ओना एसन काला लगियास ?

• डेरा

22. झगड़ूस लोहड़ी ओना एसन काला लगियास ?

• होटोल

23. झगड़ूसिन ने अकय पइतआ लागिया ?

• रेक्सा उरबस

24. उन्दुल झगड़ूस गहि रेक्सा नेख़अय संगे नड़ीया (बजड़ारा) ?

• टिक्सी गने

25. टिक्सी गाड़ी ही एका तरता बिल्ली खोटरा केरा ?

• खोखा तरता

26. झगड़ूस नेकन एरना करने रिक्सन टिक्सी गाड़ी नु बजड़ाचस ?

• सुमरिन

27. सुमरी नेख़अय रेक्सा नु उक्की रहचा ?

• झगड़ूस ही

28. रेक्सा कमतआ गे ने झगड़ूस ती ढेर ढिबा होच्चा ?

• रेक्सा उरबस

29. झगड़ूस नेकन मोधरआ पोल्ला लगियास ?

• ट्रम्पसिन

30. मंदिर नु तेम्बना गहि नलख ने नना हेल्लरा ?

- झगडूस

31 ने जोक्क इलिचका ती तंगआ आलासिन एरा हेल्लरा ?

- सुमरी

32 झगडूसिन ने मंदिर ती बहरे ओत्थोरनर चिअनर ?

- पंडितर

22

अयंग जिया

1. अयंग जिया पूथी गहि ट्रुस ने तली?

   > पीयुस लकड़ा

   2. एड़पा गहि बिल्ली ने तली?

   > अयंग

   3. फूलो तंगियो गहि बेंज्जा नेक संग्गे मंज्जकी रहचा?

   > महतो तंगदा ढकरेस संग्गे

   4. निशा नु का उल्ला-माखा ने अरखी-झरा ओना लगिया?

   > ढक्करेस

   5. फूलो तंगियो अरा महतो तंगदस गहि बेंज्जा एन्देर नेगचार नु मंज्जकी
रहचा?

   > कुँडुख़ नेगचार नु

   6. फूलो तंगियो अरा ढक्करेस गहि एवंदा गोटंग खद्दर रहचर?

   > मंद

   7. कौंहा तंगदस गहि एन्देर नामें?

   > लेइंगा

   8. सन्नी तंगदस गहि एन्देर नामें?

   > पुनई

   9. होरमर ती सन्नी कुकोय गहि एन्देर नामे?

   > फूलो

   10. ढक्करेस (तम्बस) लेखआ ने मलदव लूरन धरचा?

   > लेइंगास

11. एंड़ो ख़द्दरिन दव डहरे एदआगे, एड़पा बच्छाबआगे, जोगाबआगे ने खोब तिहा नंज्जा?

> अयंग

12. गोट्टा एड़पा पलिन ने छितिछान ननी?

> ढक्करेस

13. तंग आलिन ने खोब लवई, पसई?

> ढक्करेस

14. झरा-अरखी ओनागे ढिबा मल मन्ना ती खल्लन ने बंधा ननी?

> ढक्करेस

15. नन्ना आलर ती ढिबा कच्चा ने नड़हा होंचकी रहचा?

> ढक्करेस

16. नड़हा पोल्लना किर्ताअना ती नेकन ढक्करेस नलख नना भोटांग तइदस?

> लेड़ंगासिन (कोहां तंगदस)

17. ने बेमार ती पिटरी नु बिडरकी रहचा?

> फूलो

18. फूलोन बेतरअर होआ दरा ने नलख नना काला हेल्लरा?

> ढक्करेस

19. फूलो तंग्गियो नेकन तंग ममुस गुसन तइकी रहचा?

> पुनईसिन

20. भोटांग नलख नना कालो बीरी ढक्करेस तंग आली गहि खेक्खा ती एन्दरन बचियस दरा

होच्चस?

> मुद्दीन

21. नलख नना कालो बीरी परता टोड़ंग नु ढक्करेसिन ने छेकचा?

> खलबर

22. नेकन बेतरआ पोलना ती ढक्करेस अदिन टोड़ंग नु अम्बर भोटांग बोंग्गस केरस?

> फूलोन

23. ससईत मन्ना ती अरा खद्दर गहि घोख ती ने बेमार मनी काली?

> अयंग / फूलो तंग्गियो

24. पुनई तंग ममुस पुनईसिन नेखय संग्गे एड़पा तइदस?

> पेठ केरका आलर संग्गे

25. पुनईस तान एकला टोंइग मजही एन्देर मंदस कादस?

> बेड़ारदस कादस

26. खलबर फूलोन एकसन अम्म निंदआ तइनर?

> तूसा नु

27. फूलोन तम्बस टोइंग नु अम्बदस होले ने हुई?

> खलबर

28. फूलो तूसा अम्म ओन्दरआ काली दरा एकसन बूंग्गी काली?

> टोंइग

29. ने टोइंग नु अजगो-इजगो नुखूर - कुदनूम एवंदा मांखा एन्नेम रइह काली?

> फूलो अरा पुनईस

30. भईया - बहिन एंडोर एकसन जुमूर नखरनर

> टोइंग नु

31. ने फूलोन बेदागे गोट्टा टोइंग टपआ हेल्लरा?

>खलबर

32. खलबर बेहोस मंज्जका नेकन बेद्दनर अरा आरिन अम्म ओंतअनर?

> फूलो अरा पुनईसिन

33. पुनईसिन बेदागे ने बरई?

> तंग ममुस

34. तंग ममुस खलबारिन एन्देर ती लवआ बेद्दस?

> एडेत कन्नाती

35. फूलोन अरा पुनईसिन बेतरआ पाकर दरा एड़पा ने उन्दरई?

> तंग ममुस

36. फूलो अरा पमनईस गहि अयंगन ने बुझाबई?

> तंग ममुस

37. तंग ममुस नेकन लुर चिआगे तंगहय एड़पा होअदस?

> पुनईसिन

38. खतरका एड़पन ने खापनर अरा जोगा बअनर?

> अयंग अरा फूलो

39. परिदका खोखा एड़पा ता नलख ननागे अयंग गहि सहड़ा ने नना हेल्लरा?

> फूलो

40. दोय का दोय–पंच्चे (10-15) चान मंज्जकाती पुनईस भारत सरकार गहि कोंहा नुकरी बिढनन

कट्टर एका हूदा नु उक्कियस?

> एस.पी.

41. पुनईस बरना गहि अतख़ा नेखय गुसन तईदस?

> तंग ममुस गुसन

42. अतख़ा संग्गे पुनईस एन्दरा तंग ममुस गुसन तईदस?

> ढिबा

43. पुनई तंग ममुस तईयका ढिबन नेका चिअदस?

> अयंग गे

44. पुनईस गहि तईयका अतख़ान बचअर अयंगन ने मिनतई?

> तंग ममुस

45. ढक्करेस अरा लेइंगास एन्दर रोगे ती कलपारनुम भोटांग राजी ती एइपा किरेंनर?

> अम्म रोगे ती

46. अयंग बरजई होले अदि गहि बरजअनन ने मिनी?

> ढक्करेस अरा लेइंगस

47. पुनईस तंग्हय एन्देर गहि झुला अतर एइपा बरदस?

> एस.पी.

48. नेकन एइपातर ने हूँ लखआ पोलनर?

> पुनईसिन

49. पुनईस तम्बासिन अरा तंग भईयो लेइगासिन एन्दरा मल ओना गे गच्छरताअदस?

> अरखी

50. ढक्करेसिन अरा लंगगासिन तंग ममुस पुनईसिन एकसन होआ बअदस?

> जेहेल

51. अयंग गुसन कालर कले-काले पुनईस तलदस ने बई?

> ममुस

52. अयंग पुनईस हेदे बोंगते बरई होले आस एन्देरन ओथोरदस?

> कुक ता टुपिन

53. खद्दसिन आल मल कमना गुट्टी ने हुरमी खिलपइत सहचा?

> अयंग

54. पुनईस तम्बस ही नामे बड़वारी ती मास्टरेसिन एन्दरा तिंगका रहचस?

> धाकइ उरॉव

23

खल्ली अयंग

1. खल्ली अयंग पुथी गहि टूडू ने तली?

> इन्द्रजीत उराॅव

2. खल्ली अयंग एन्देर पुथी तली?

> नाटक

3. सुन्नू - मुन्नू ने तलनर?

> एंड भईर

4. सुन्नु -मुन्नू नु ने कोंहा भई हिकनर?

> सुन्नू

5. सुन्नु-मुन्नू एन्देर नु बिड़िरका रआ कानर?

> खटी नू

6. एड़पा उला-बहरी ने कोरआ उरखा लगिया?

> खल्ली अयंग

7. नींगदा बगर ही लूरन एरर एंगहय कुक्क मंइर्ंय्या चुंदी नु खींस अर्गी ने बाचा?

> खल्ली अयंग

8. नमन पोसअोर-पलअोर ईर, नम्हय खेसन खप्पोर ने बाचा?

> खल्ली अयंग

9. सुन्नू -मुन्नू तंगियो एन्देरगे इन्ना बिज्जम घुरनी खेर लेखआ कोड़ोथ-कोड़ोथ नना लगदी ने

बाचा?

> पदन्ता मुक्का (सिनगी तंगियो)

10. पदन्ता मुक्का ही तंगदा गे एन्देर नामे?

> सिनगी

11. खल्ली अयंग पुथी नु एंड़ गोंटंग खंजपा नेकन बाचका रई?

> सुन्नू-मुन्नू रिन

12. ई खंजपादिम औंद उल्ला परदो होले एड़पा नु ओकतओ दरा ऑन्तोओर ने बाचा?

> सिनगी तंगियो

13. खल्ली अयंग एंडो ख़द्दरिन एन्देर खंजपा बई?

> कोंरजो खंजपा

14. खल्ली अयंग गहि बिड़दो डहरेन एरर दरा नेका दव मल लग्गा लगिया?

> सिनगी तंगियो गे

15. निंगहय नाद ख़द्दर गनेम खेआगे कालके एंग्हय जियन ख़पकय ओंडकय ने बाचा?

> खल्ली अयंग

16. बबा होय इन्ना नीन एन्देरगे मोख़ारो एथरआ लगदय ने बाचा?

> सुन्नू

17. खल्ली अयंग पूथी नाटक नु ने खन्नन ख़स्सो ननी?

> अयंग

18. खल्ली अयंग लीला नु अल्ला गहि एन्देर नामे रई?

> भौंरा

19. सुन्नू मुन्नू गे ने मंडी खुलिया दरा चिच्चा?

> तंबंस/बंगस

20. सुन्नू-मुन्नू एन्देर छिप्पा नु मंडी ओना लगियर?

> थड़ा छिप्पा नु

21. थड़ा छिप्पन ने मंडी ओनो बीरी खेड ती लथचा?

> अयंग

22. तुम्बा नु अम्म ने धरई?

> मुन्नूस

23. थइला नु जोक बूट ने धरचा?

> सुन्नूस

24. सुन्नू-मुन्नू अरा तंबस खंदरआगे एन्दरा अटनर?

> डहुड़ा

25. धर्मेंस ती अरा खद्दर ती ने माफी निई?

> बंगस

26. एंड़ो ख़द्दर खन्दरनर कानर होले अम्बर ने बुंग्गी काली?

> बंगस

27. सुन्नू-मुन्नू एंड़ो ख़द्दरिन अम्बर की काना ती मुंध बंगस एनदेर नन्दस?

> चुमा नन्दस

28. बंगासिन मल एरर ने चिंखा हिल्लरई?

> मुन्नूस

• टुवर बेड़ा बीरी गा,

ने हुँ दया मला नन्नर।

पाप गहि धूली नु बेचो बीरी,

ने हुँ दया मला नन्नर ।।

29. मंईय्या टूड़का डंडी एका पुथी ता तली?

> खल्ली अयंग

30. अम्म ओनका ती ने तिरमिरते मुंजरई काली?

> मुन्नूस

31. तुम्बा नु अम्म ओंदरआ ने काली?

> सुन्नूस

32. फिट- फिट पंडरू किचरी अतर ने बरई?

> दूत

33. मुन्नूसिन ने होअर दरा मेरखा राजी चइल काली?

> दूत

34. सुन्नूस, मुन्नूसिन एका गुसन बोंगते एरा कादस?

> मन्न पादा गुसन

• अयो टुवर नंज्जा बबा टुवर नंज्जा,

भई टूवर अम्बके नना हो-2

भई टूवर ननोय अड्डा मला खखरओ,

भई टूवर अम्बके नना हो - 2

35. ई मंईय्या ता टूड़का डंडीन नाटक नु ने पाड़ी?

> सुन्नूस

36. मुन्नूसिन बेदते-बेदते ने चिंखते बेहोस मनी काली अरा मुंजरदस काली?

> सुन्नूस

37. सुन्नूसिन ने मेखा राजी ले हुई?

> दूत

38. नेख़अय दुलार-प्यार मल ख़खरना ती खद्दर मुंजरर केरर?

> अयंग गहि

24

कुँड़ुख़ कत्थपंडी गहि परिया

1. पच्चा परिया (प्राचीन काल)

- ई. चान 1868 ती मूंध (1868 ई. पूर्व) ता परिया पच्चा परिया मनी
- बईता कत्थपंडी अरा पच्चा परिया / पुरखा परिया ता कत्थपंडी नामें ती अख़नर।
- कुँड़ुख़ द्रविड़ भाषा परिवार ता कत्था (भाषा) तली
- द्रविड़ भाषा हिंद अयंग राजी ता पच्चा कत्था तली।
- द्रविड़ भाखा(भाषा) नु कुँड़ुख़ गहि माने आल (आदमी/मनुष्य) बाचका रई ।
- कुँड़ुख़र गहि उज्जना - बिज्जना (जीवन - यापन) गहि हुरमी मानी खीरी आर गही डण्डी अरा खीरी नु रई ।
- डण्डी नु कुँड़ुख़र गहि कुन्दुरना, खतरना अरा परदना गहि खीरी ख़खरई।
- पुरखा खीरी नु बाचका रई का ककड़ो, एक्का अरा लेंडा गहि सहड़ा ती धरमेस खेखेल कमचस।
- धरमेस ख़ज्ज (मिट्टी) गहि एंड गोंटग आल मुठन गहि मुरत कमचस अरा जिया सज्जस।
- धरमेस गहि एंड गोटंग घोड़ो रहचा - हंसराज अरा पंखराज।
- ख़ज्ज गहि मुरूतन हंसराज अरा पंखराज ती अल्ला बछाबाचा।
- पच्चा परिया ता डण्डी (बेंज्जा रागे नु)

• हुल्लो नु निन धरमैं आलारिन कमचकय,
ओनीम जुड़ी आलरिन नीनीम कमचकय ।
हुल्लो नु नीन धरमे जुड़ी पांती नंजकय,
ओनीम जुड़ी आलति राजीन निन्दकय ।।

• ओंगहोन गोटे राजी नु अडरा लगिया ख़ने हुरमी आल - आलो उलिय केरा खने
सिरा - सीता नाल ककड़ो लता नु एंड भईया - बहिन कोरचर दरा बच्छर ।
• ई पत नु कुँड़ख़र डण्डी पाड़नर (जतरा रागे नु)

• भईया - बहिन उरखर कोय
सिरा सिता नाले नु रहचर ।
ककड़ो लाता एड़पा कोय,
सिरा सिता नाले नु रहचर ।।
2. ओरे परिया (आदिकाल) - 1868-1930

• कुँड़ुख़ भाखा तमिल भाखा ती मिलरई
• अंग्रेजर कुँड़ुख़ भाखान रोमन ती टूड़ना ओरे नंज्जर ।
• कुँड़ुख़ साहित्य गहि ओरे ता पुथी - ब्रीफ ग्रामर एंड भोकेबुलरी ऑप उरॉव लैंग्वेज (रेभ.एफ. बच 1868 / 1866 - 1868 ई.)
• 1874 ई. चान नु 'फ्लैक्स सहेबस' - एन इंट्रोडक्शन टू द उरॉव लैंग्वेज ।

3. मजही परिया (मध्यकाल) - 1930-1970

• मजही परिया ता कत्थपंडीन कुँड़ख़र गहि परिया बअनर ।
• मजही परिया नु होरमर ती मुन्ध धरमदास लकड़स गहि नामें बरई नु
• 1930- 1935 गहि मजही धरमदास लकड़स रूइदास गढ़हे केरस व कुँड़ख़र गहि पत नु हुरमी अखचस दरा खीरी अरा डण्डी गुटिठन खोंड़चस । (पूथी गहि नामे - कुँड़ुख़ खीरी अरा कुँड़ुख़ डण्डी)

• 1937 ई चान नु समुएल रंकस ऑटा सिकी बिद्यस ।
• 1941 ई. चान नु धरमदास लकड़स गहि सहड़ा ती डब्लयु जी. आर्चरस लील खोरआ खेखेल एंड डाड़ा पूथी बीड़चस ।

- 'लील खोरआ खेखेल पुथी नु 2660 गोटंग साहे - साहे अरा बेड़ - बेड़ा डण्डी रई
  ।
- 'बोलता' अतखा कागद गहि नामे बदलारा दरा' धुमकुड़िया ' नामे पिंजरा
  (1949 ई. अहलाद तिर्की)

4. रअना परिया / अक्कुनता परिया (आधुनिक काल) - 1970 ती अक्कुन
guti -

25

कुँड़ुख़ कत्था गहि परदना

- एकअम कत्था गहि परदना आ कत्था कच्छनखरउ आलर ती मनी।
- कुँड़ुख़ कत्था गहि परदना कुँड़ुख़ कच्छनखरना आलर ती मंज्जा।
- 1957 ई. चान ती आकाशवाणी अरा 1985 ई. चान ती दूरदर्शन गहि रॉची डाड़ा गहि कुन्दरका ती कुँड़ुख़ कत्था अरा कत्थपंडी नु पुना - पुना रीत कुन्दरा।
- 1970 ई. नु डॉ.निर्मल मिंजस गहि नेम्हा घोख ती गोसनर कोंहा लुरकुड़िया नु कुँड़ुख़ टूड़ना - बचना गहि ओरे मंज्जा।
- 1980 ई. चान नु रॉची खेखेल लुरकुड़िया नु जनजातीय एंव क्षेत्रीय भाषा गहि जुदा खन्दहा कोल्लरा अरा एम.ए., पीएच.डी. गहि टूड़ना - बचना ओरे मंज्जा।
- डॉ. नारायण भगतस गे छोटानागपुर के उरॉव रीति रिवाज पत नु 1997 ई. चान नु जनजातीय एवं क्षेत्रीय भाषा विभाग ती पहला कुँड़ुख़ न पी.एच. डी. डिगरी खखरा।
- 2007 ई. चान कुँड़ुख़ बकलुरिया खोड़हा नई दिल्ली ती कुँड़ुख़ डहरे नामे शोध पतरिका उरखना ओरे मंज्जा।
- 2000 ई.चान नु बिज्जु टोप्पोस गहि नेम्हा खेक्खा ती कोड़ाराजी नामे ती कुँड़ुख़ फिलिम बनचा दरा बी:इरा।

26
डॉ. निर्मल मिंज (झरिया)

1. डॉ.निर्मल मिंजस गहि पद्दा अवंड़ा टोला (गुमला)।

2. डॉ.निर्मल मिंजस गहि कुन्दुरना ई. चान 11 फरवरी 1927 नु मंज्जकी रहचा।

3. डॉ.निर्मल मिंजस गुमला मेच्छा लूरकुड़िया ती मैंट्रिक बिढ़नन कट्टिट्यस।

4. डॉ.निर्मल मिंजस राँची कोहा लूरकुड़ियाँ ती बी.ए. नंज्जस ।

5. डॉ.निर्मल मिंजस सेरामपुर ती बी.डी. नंज्जस ।

6. डॉ.निर्मल मिंजस सिनेसोटा अरा चिकागो (अमेरिका) ती एम.ए. दरा पीएच.डी. हों नंज्जस।

7. डॉ.निर्मल मिंज (झरिया) अमेरिका नु रअनुम कुँड़ुख़ कत्थन परदआगे औंटे "कुँड़ुख़न" कागद

   चिपटआ ओरे नंज्जस ।

8. डॉ.निर्मल मिंजस ई. चान 1970 ती गोस्सनर कोहा लूरकुड़िया नु कुँड़ुख़ अयंग कत्थन

   टूड़तअना -बचत'अना ओरे ननताचस दरा कुँड़ुख़ कत्थन अरा कुँड़ख़ारिन परद'आगे सबंग

   चिच्चस।

9. गोसनर कोंहा लूरकुड़िया नु अकय उल्ला गुटी तानिम मुद्ध आलस (प्रिंसिपल) रहचस ।

10. डॉ.निर्मल मिंजस "कुँड़ुख़ (उराँव) भाषा परिषद रांची" गहि बेलस रहचस ।

11. डॉ.निर्मल मिंजस "कुँड़ुख (उराँव) टेक्स्ट बुक कमिटी झारखण्ड रांची" गहि हूँ बेल रहचस |

12. डॉ.निर्मल मिंजस गहि अकय जइडी पुत्थी "झरिया" तली |

13. डॉ.निर्मल मिंजस गहि ई. चान 2009 नु "इन्नेलन्ता एड़पा-उरूबिनी" उपन्यास टूड़का पुना

पुथि तली।

14. हॉन सहेबस गहि टूड़का "कुँड़ुख ग्रामर" पुथिन ई. चान 2011 नु "कुँड़ुख तरजुमा" नंज्जस दरा

खोड़हा मुन्धारे उइय्यस ।

15. डॉ.निर्मल मिंजस 5 मई 2023 नु मुंज्जरस|

डा.निर्मल मिंज गहि 'ख़द्दी चंदो' (क्लास – 10) पुत्थी ता टिप नामे-

1. सत्ते नु एका (डंडी)
2. चोन्हा नना (डंडी)
3. कुद्द्कन ख़ने बिदकन, उक्कन ख़ने ख़क्खकन (डंडी)
4. नम्हय परता (डंडी)
5. नौरी {खीरी)

डा॰निर्मल मिंज गहि 'फग्गू चंदो' (क्लास – 9) पुत्थी ता टिप नामे-

1. खोड़हा गहि दसा (डंडी)
2. एन्देर गे कोड़ा कादय (डंडी)

27

दवले कुजूर

1. दवले कुजूरस गहि कुंदुरना 1921 ई. चान नु लोहरदगा सहर नु मंज्जकी रहचा ।

2. सन्नीतिम दवले कुजूरस तंगहय आलर गहि उज्जना-ओक्कनन अजगुत चिहुट ती एरा बुझुर'आ

लगियस । परब - तिहार अरा नेग-चार मनोबीरी नितकिम संग्गे र'आ लगियस ।

3. तंगहय बी.ए. बिढ़नन कट्टिटयस दरा राँची ता ए.जी. ऑफिस नु नलख नना लगियस ।

4. ए.जी. ऑफिस नु नलख नन्नुम आस कुँडुख़ नु ओन्टे "कत्थडंडी" अरा डंडी पुथिन इदातो" मुन्ता

पूँप झुंपा" 1950 नु टूड़ियस अरा चिपताचस ।

5. अक्कुन्ता डंडी टूडु अरा पाडुर नु दवले कुजूरस गहि जूड़ी ने हूँ मल ईथिर 'ई। इस ब'आ लगियस

का डंडी टूड़का तिम कुल उड़'ई काली ।

6. कुँडुख़ टूडर- पाडुरिन ब'आ लगियस का अंग्रेजी बच'आ, कच्छनखर'आ दरा अंग्रेजी नु घोख़अआ

अरा अन्नेम कुँडुख़ नु कच्छनखर'आ, घोघक'आ अरा टूड़ा।

7. दवले कुजूरस "रूबायत ऑफ उमर ख्याम" गहि तरजुमा नना लगियस । मुंदा पूरा नना पोल्लस |

इदिन पूरा नना उँगका रहचस होले कुँडुख़ खोड़हा अरा कत्थ पण्डी गे अकय कोहा नलख मनो पहेँ।

8. दवले कुज़ूरस ई. चान 1953 नु मुंज्जरस केरस ।
फग्गू चंद्दो (क्लास – 9) पुथी ता टीप –

1. खेख़लन पूना ननोत (कत्थडंडी)
2. बोलता (कत्थडंडी)

28

अहलाद तिर्की

1. अहलाद तिर्कीस गहि भुंइहरी पद्दा सेरेंगहातु लोहरदगा तली ।

2. अहलाद तिर्कीस गहि कुन्दुरना ई. चान 2 फ़रवरी 1917 नु मंज्जकी रहचा।

3. 1939 ई० चान नु राँची जिला स्कूल ती मैट्रिक गहि बिढ़नन कट्टर की सी.टी. नंज्जस दरा संत

पौल नु मास्टर नना हेल्लरस ।

4. मास्टर नलख नन्नुम - नन्नुम बी.ए. दरा एम.ए. गहि बिढ़नन हों कट्टिटयस ।

5. एका बीरी जयपाल सिंहस आदिवासी महासभा अरा झारखण्ड पार्टी गहि मुध रहचस आ खने

अहलाद तिर्कीस कुँड़ख़ारिन खोड़'आगे अरा आरिन तमहय राजिन्ता कत्थन बुझाब'आगे खोबिम

नलख नजकस रहचस ।

6. 1949 ई. चान नु अहलाद तिर्कीस "बोलता" चन्द्दो अतख़ा कगद अरा "कुँड़ुख़ सईहा" नामे पुथिन

चिपताचस ।

7. 1950 ई चान नु इस गहि दिम सवंग अरा तिहा ती "धुमकुड़िया " चन्दो अतखा उरखा लगिया ।

8. 1982 ई. चान नु अहलाद तिर्की गहि नन्ना पुथि इदातो "चुरकी डहरे" चिपारा।

9. 1984 ई० चान नु इस गहि दिम "कुँड़ुख़ पुरख खीरी" बींडरा ।

फग्गू चंद्दो (क्लास – 9) पुथी ता टीप –

1. ख़ती डेले (कत्थडंडी)
2. चेंठ बंदरा (कत्थपंडी/खीरी)

ख़द्दी चंद्दो (क्लास – 10) पुथी ता टीप –

1. ओन मांखा ता एंगहय तुंगुल (कत्थपंडी/खीरी)

29

इन्द्रजीत उराँव

1. इन्द्रजीत उराँवस गहि भुंइहरी अड्डा लोहरदगा जिला ता भिट्टा पद्दा तली।

2. इन्द्रजीत उराँवस गहि कुन्दुरना ई. चान 1945 नु मंज्जकी रहचा ।

3. आदिम जाति सेवा मंडल, मेच्छा लूरकुड़िया भरनो ती मैट्रिक गहि बिढ़नन कट्टिटयस |

4. इन्द्रजीत उराँवस बी. एस. कोहा लूरकुड़िया ती बी.ए. गहि बिढ़नन कट्टिटयस।

5. खेखेल लूरकुड़िया राँची ती एम.ए. (हिन्दी) गहि बिढ़नन कट्टिटयस ।

6. इन्द्रजीत उराँवस ई. चान 1975 ती जिला जनसम्पर्क पदाधिकारी पलामू गहि हुदा नु रअर नुकरी

नना लगियस।

7. इन्द्रजीत उराँवस 1978 ई. चान ती राँची कोहा लूरकुड़िया नु कुँड़ुख़ बचत'आ लगियस।

8. इन्द्रजीत उराँवस 1983 ई. चान ती जनजातीय एवं क्षेत्रीय भखा खन्दहा खेखेल लूरकुड़िया राँची

नु कुँड़ुख़ बचत'आ हेल्लरस ।

9. इन्द्रजीत उराँवस जनजातीय एवं क्षेत्रीय भखा खन्दहा खेखेल लूरकुड़िया राँची गहि बेल कन्डो नु

ई. चान 2003 ती 2005 गुटि रहचस ।

10. इन्द्रजीत उराँवस 2005 ई. चान नु जनजातीय एवं क्षेत्रीय भखा खन्दहा खेखेल लूरकुड़िया राँची

ती रिटायर मंज्जस।

11. इन्द्रजीत उराँवस ढेर चान गुटि आई.ए.एस. अरा बी.पी.एस.सी. हुदानुम नुकरी नन्नु सहेबरिन

कुँड़ुख़ बचत'आ लगियस |

12. इन्द्रजीत उराँवस गहि टूड़का पुथि "खल्ली अयंग" नाटक ई. चान 1978 नु बींड़रा।

13. ई. चान 1986 नु "पुनाखोर" कत्थडण्डी पुथि चिप्परा ।

14. इन्द्रजीत उराँवस 2002 ई. चान नु इस गहि दीम टूड़का "कुँड़ुख़ बुझुर नखरना, बई तुर्रा अरा

बंको कत्था" पुथि उरखा ।

15. इन्द्रजीत उराँवस गहि दीम निमरचका पुथि "भखा झरिया" 1984 ई. चान नु बींड़रा |

16. इन्द्रजीत उराँवस गहि " बीज बिनको" 1985 ई० चान नु उरखा ।

17. इन्द्रजीत उराँवस गहि दिम निमराचका पुथि "बच'आ अरा सिखर'आ", 'बरा गणित सिखर'आ"

कुँड़ुख़ एक परिचय" गुट्ठी तली ।

18. 2010 ई. चान नु सरई टांड़ मोरावादी राँची एड़पा नु साॅवसे उल्ला गे खन्नन मिंखियस

चिच्चस।

30

बिहारी लकड़ा

1. बिहारी लकइस गहि अद्दि पद्दा लोहरदगा जिला ता बेजवली पद्दा तली।

2. बिहारी लकइस गहि कुंदुरना 1927 ई० चान नु मंज्जकी रहचा ।

3. ई. चान 1953 नु लुथरन स्कूल लोहरदगा ती मैट्रिक बिढ़नन कट्टर राँची कोहा व लूरकुड़िया नु

बरचस ।

4. बिहारी लकड़ा बिहार रेजीमेंन्टल सेन्टर नु भरती मंजकस रहचस ।

5. बिहारी लकड़ा बिहार रेजीमेंन्टल सेन्टर नु भरती मंजकस ऒंद बच्छर खोखा सैनिक स्कूल नु

मासटर चाजरस।

6. मासटर नलख ती रिटारमेन्ट मंजका खोखा ई. चान 1963 नु मुखिया चाजरस।

7. बिहारी लकड़ास 1964 ई. चान ता पंचाइत समिति गहि चुनाव नु लोहरदगा प्रखण्ड ता प्रमुख

चाजरस ।

8. बिहारी लकड़ा इदी खोखा जिला परिषद राँची गहि बेल (अध्यक्ष) चाजरस ।

9. बिहारी लकड़ास ई. चान 1967 अरा 1969 नु बिहार विधान सभा गहि सदस्य चाजरस दरा बिहार

राज्य खादी ग्राम उद्योग अरा भवन निर्माण बोर्ड गहि निदेशक मण्डल गहि सदस्य हों चाजरस।

10. बिहारी लकड़ास 1972 ई. चान ता बिहार विधान सभा चुनाव नु विधान सभा गहि सदस्य

चाजरस ।

11. केदार पॉडेस गहि मंत्रीमण्डल नु राज्य वित्त मंत्री चाजरस ।

12. बिहारी लकड़ास कुँड़ुख़ खोंड़हन परद'आ गे अजगुत तिहा नंज्जस। तंग'आ संवग अरा चिहुट ती

पद्दा - पद्दा नु कुदहा बग्गे सन्नी लूरकुड़िया हूँ कुल्लियस ।

13. बिहारी लकड़ास गहि टूड़का "कुँड़ुख़ बेंजा डण्डी" पुथि 1952 ई० चान नु बींडरा ।

14. ई. चान 1966 नु " आदिवासी और लरका आन्दोलन" पुथि चिप्परा ।

15. बिहारी लकड़ास 1998 ई. चान नु "आदिवासीयों का सांस्कृतिक इतिहास परिचय और उसका

विकास कैसे हो" पुथि बींड़रा।

16. बिहारी लकड़ास गहि "भारतीय संस्कृति और आदिवासी" टूड़का पुथि चिप्परा ।

17. कुँड़ुख़ भाखा पहटा नु नलख नंज्जका गुने लकड़ा (बिहारी लकड़ा) सहेबस गे ई. चान 2004 नु

भारत सरकार तरले साहित्य अकादमी सम्मान राष्ट्रपतिस गहि खेक्खा ती ख़क्खरा ।

31

डॉ. हरि उराँव

1. डॉ. हरि उराँवस गहि अद्दि पद्दा गुमला जिला ता टोंटो पकरी टोला तली।

2. डॉ. हरि उराँवस गहि कुन्दुरना 1959 ई. चान नु मंज्जा ।

3. डॉ. हरि उराँवस टोंटो लूरकुड़िया ती मैट्रिक बिढ़नन 1976 ई. चान नु कट्टिटयस।

4. डॉ. हरि उराँवस परम वीर अलबर्ट एक्का कोहा लूरकुड़िया चैनपुर ती आई.ए. नंज्जस ।

5. डॉ. हरि उराँवस राँची कोहा लूरकुड़िया राँची ती 1981 ई. चान नु बी.ए. नंज्जस ।

6. डॉ. हरि उराँवस राँची खेखेल लूरकुड़िया ती 1984 ई. चान नु कुँड़ुख ती एम.ए. नंज्जस ।

7. डॉ. हरि उराँवस मारवाड़ी कोहां लूरकुड़िया राँची नु कुँड़ुख बतच'आ गे चाजरस।

8. डॉ. हरि उराँवस यु.जी.सी.'नेट' अरा राँची खेखेल लूरकुड़िया ती पीएच.डी. हूँ नंजकस र'अदस।

9. डॉ. हरि उराँवस जनजातीय एवं क्षेत्रीय भखा खंदहा राँची खेखेल लूरकुड़िया नु सहायक प्रोफेसर

रहचस अरा राँची विश्वविद्यालय नु विकास पदाधिकारी हूँ रहचस। जनजातीय एवं क्षेत्रीय भखा खंदहा गहि मुद्दध आलस (9 भखा गही विभागाध्यक्ष) रहचस, हुरमी भखा विभाग जुदा मंजका

खोख़ा जनजातीय एवं क्षेत्रीय भखा खंदहा गहि समन्वय अरा कुँड़ुख भखा खंदहा गहि मुद्दध आलस (विभागाध्यक्ष) चाजरस ।

10. 1987 ई.चान नु आदिवासीर गहि ओंट खोडहा "सरना नवयुवक संघ " बनचा अदि गहि इसिम अध्यक्ष चाजरस अरा अक्कुन गूटी रअस।

11. डॉ. हरि उराँवस 2006 – 2016 ई चान गुटी "कुँड़ुख़ लिट्रेरी सोसाइटी ऑफ इण्डिया नई दिल्ली" गहि राष्ट्रीय अध्यक्ष चाजरस।

12. डॉ. हरि उराँवस पूर्वी भारत अखिल भारतीय आदिवासी साहित्यिक मंच गहि संयोजक हूँ

रहचस।

13. राँची कॉलेज एवं पी.जी. शिक्षक संघ गहि कोषाध्यक्ष अरा पी.जी. स्थलेटिक एसोसिएशन राँची वि. वि. गहि अध्यक्ष रहचस।

14. सिंडीकेट राँची वि.वि., सिलेबस कमिटि राँची वि.वि., लीगल सेल राँची वि. वि., कॉलेज

डेवलपमेंट काउंसिल राँची वि. वि. गहि सदस्य हों रहचस ।

15. डॉ. हरि उराँवस 2009 नु मानव शास्त्रीय विश्व सम्मेलन, कुनमिंग, चीन अरा 2010 नु विश्व

धर्म सम्मेलन-विश्व का धार्मिक इतिहास-टोरान्टो, कनाडा हूँ केरका रहचस अरा तंग'आ पेपर हूँ बचचकस रहचस ।

16. डॉ० हरि उराँवस "सरना फूल", "बकपून", "विश्व पटल पर कुँड़ुख़ भाषा", "कुँड़ुख़ डहरे" पत्रिका गहि सम्पादक तलदस संगे संगेम "अंत्योदय' जंगल गाथा" (विशुनपुर) गहि सम्पादक मंडल ता सदस्य तलदस।

17. डॉ. हरि उराँवस गहि टूड़का पुथि "हिन्दी भाषा और कुँड़ुख़ भाषा (क्रियाओं का प्रकारात्मक अध्ययन)" ई० चान 2010 नु बींड़रा।

18. एन्नेम कुदहा बग्गे डण्डी, कत्थडण्डी अरा खीरी अत्तख़ा-कागद अउर ख़बर कागद नु चिपिरकी र'ई।

फग्गू चंद्दो (क्लास – 9) पुथी ता टीप –

1. ऊख़ा डहरे (कत्थडंडी)

2. निजड़ा (कत्थडंडी)

ख़द्दी चंद्दो (क्लास – 10) पुथी ता टीप –

1. सोना बेड़ा (कत्थडंडी)

2. छोटानागपुर (कत्थडंडी)

32

बेचन उराँव

1. बेचन उराँवस गहि पद्दा इनरूवा - 7, सुनसरी नेपाल तली ।
2. बेचन उराँवस गहि कुन्दरना 1974 ई. चान नु मंज्जकी र 'ई।
3. बेचन उराँवस गहि तम्बस ही नामे मोतीलाल उराँव अरा तंगियों गहि नामे धौली उराँव तली।
4. बेचन उराँवस व्यवस्थापन नेपाल कॉमर्स क्याम्पस तो एम.ए. गहि डिगरी होच्चकस र'अदस।
5. बेचन उराँवस "नेपाल उराँव आदिवासी जनजाति प्रतिष्ठान" गहि देवान (सचिव) तलदस।
6. बेचन उराँवस गहि टूड़का पूथी " एंगहय एड़पा" नामे ती 2011 ई. चान नु बींड़रा।
7. बेचन उराँवस नेपाल नु " गोरखा पत्र-नयाँ नेपाल" नामे ती कुँड़ुख कत्था नु "खबइर कागद" ओथरदस ।
8. सँवसे खेखेल नु अक्कुन गुटि नेपाल राजीन अम्बर की एक'अम पहटा ती कुँड़ुख नु" खवइर कागद " मल उरखी ।
9. बेचन उराँवस गहि टूड़का नलखन एरर अरा खुसमारर नेपाल सरकार 2013 ई. चान नु "कुँड़ुख साहित्य सम्मान" चिच्चकी र'ई।
10. बिरसा मुण्डास ही 150वीं जयंती संगे जनजातीय गौरव दिवस 17 नवम्बर 2024 उल्ला स्वर्ण जयंती ऑडीटोरियम, लेडी हार्डिंग मेडिकल कॉलेज, नई-दिल्ली नु भारत राजी गहि सांस्कृतिक मंत्री माननीय जुएल उराँव अरा असम ता महामहिम राज्यपाल लक्ष्मण प्रसाद अचार्यस सय बेचन उराँव सिन बिरसा

मुण्डा पुरस्कार - 2024 ती सम्मानित नंजर |

33

पी.सी. बेक

1. पी.सी बेकस ही पद्दा नवाडीह टटख़ाटोली (अम्बाटोली), प्रखंड – डुमरी – गुमला |

2. जन्म – 9 मार्च 1924

3. बंगस – रोभा जोसेफ बेक, अयंग – एलिसा एतवारी केरकेट्टा

4. पी.सी. बेकस ही पूरा नामे – पोलीकार्प बेक

5. पी.सी. बेकस टूड़ना-बचना उरमी ती मुंध बहेराटोली ती ओरे नंज्जास |

6. पी.सी. बेकस ई. चान 1935 नु नवाडीह मिडिल स्कूल मुंजीयस |

7. पी.सी. बेकस 1941 ई. चान नु संत इग्नासियुस नु नामे टूड़ताचस अरा 1945 ई. चान नु संत

इग्नासियुस लूरकुड़िया गुमला ती मैट्रिक पास नंज्जास |

8. पी.सी. बेकस 1946 ई. चान नु डाल्टनगंज ती सी.टी. नंज्जास |

9. पी.सी. बेकस 1947 ई. चान नु संत जोसेफ लूरकुड़िया महुआडाड़ नु बचतअना ओरे नंज्जास | आ

बेड़ा पी.सी. बेकस गे 33 रूपया ढिबा ख़क्खरआ लगिया |

10. पी.सी. बेकस 3 जुलाई 1953 ई. चान ती संत जोसेफ लूरकुड़िया महुआडाड़ नु बचतअना

अम्बियास |

11. पी.सी. बेकस पराइवेट लूरकुड़िया ती इंटर पास नंज्जास |

12. पी.सी. बेकस 4 दिसम्बर 1953 ई. चान ती डाल्टनगंज नु कुँड़ुख़ बचतआ गे चाजरस |

13. पी.सी. बेकसिन कुँड़ुख़ बचतआ गे डाल्टनगंज ता डी.सी. राय साहेबस चज्जका रहचस | असन

आस गे 105 रूपया ढिबा ख़क्खरआ लगिया |

14. पी.सी. बेकस डाल्टनगंज नु 31 जनवरी 1955 गुटी बचताचस |

15. पी.सी. बेकस 1955 ई. चान ती पोस्टमैन ऑफिस नु नलख नना गे ओरे नंज्जास |

16. पी.सी. बेकस ई. चान 1949 नु फिलोमिना कुजूर संग्गे बैंज्जा नंज्जास |

17. पी.सी. बेकस ही पंचे गोटंग कुक्कोय ख़द्दार रहचर |

18. ख़द्दार गहि नामे – विमल इग्नासियुस बेक, सुशीला दोमोनिका बेक, ख्रीस्टीना बेक, रीता

जुस्टीना बेक |

19. पोलीकार्प बेकस पी.सी. बेक, प्रफुल्ल अरा बगारिया गुट्ठी उपनाम ती कईनो पुत्थी टूड़का रअदस

अरा बिड़का (प्रकाशित) रअदस |

20. पी.सी. बेक, प्रफुल्ल अरा बगारिया बेक ही नामे ती आस बग्गे ती बग्गे पुत्थी टूड़का रअदस |

21. पी.सी. बेकस पुत्थी टूड़का रअदस -

कुँड़ुख़ कत्थ बिल्ली भाग – 1 - पी. सी. बेक - 1978

कुँड़ुख़ कत्थ बिल्ली भाग – 2 - पी. सी. बेक - 1983

कुँड़ुख़ दर्शन - पी. सी. बेक - 1998

कुँड़ुख़ परकला - पी. सी. बेक - 1998

22. पी.सी. बेकस गे "कुँड़ुख़ लिटरेरी सोसाइटी" तरली (की ओर से) 12 अक्टूबर 2008 नु

सिल्लीगुड़ी नु 'लाइफ टाइम कंट्रीब्यूशन फॉर प्रमोशन ऑफ़ कुँड़ुख़ लैंग्वेज' अवार्ड ख़क्खरा |

23. पी.सी. बेकस गे कुँड़ुख़ जनजातीय भखान परदअना खतरी भारतीय साहित्य विकास न्यास

तरली राज्यपाल सैयद सिब्ते रजीस ही खेक्खा ती 29 जनवरी 2006 ई. चान नु सम्मानित

मंज्जस |

34

कुँड़ुख़ साहित्य एवं साहित्यकार

कुंड़ुख साहित्य साहित्यकार प्रकाशन वर्ष

1. ब्रीफ ग्रामर एंड बोकेबुलारी ऑफ उराँव लैंग्वेज - रेम. एम.बैच - 1866
2. ऐन इंट्रोडक्शन टू द उराँव लैंग्वेज - फलैक्स - 1874
3. कुँड़ुख़ ग्रामर - हॉन - 1898
4. कुँड़ुख़ इंगलिश डिक्सनरी - हॉन - 1898
5. कुँड़ुख़ डिक्सनरी - हॉन - 1904
6. कुँड़ुख़ फोकलोर - हॉन - 1905
7. कुँड़ुख़ खीरी अरा कुँड़ुख़ डंडी - धर्मदास लकड़ा - 1930
8. उराँव फोकलोर - ए. ग्रीगनाई - 1931
9. कुँड़ुख़ वर्णमाला (लिपि) - सामुएल रंका - 1937
10. लील खोरआ खेखेल (भाग – 1, भाग – 2) - डब्ल्यू जी आर्चर - 1941
11. निडम एण्ड द लेपर्ड - आर्चर - 1941
12. दी ब्लू ग्रोभ - आर्चर - 1944
13. कुँड़ुख़ कत्थ सिखरआगे - जॉन मिंज - 1948
14. कुँड़ुख़ सहिया - आहलाद तिर्की - 1949
15. मुन्ता पुंप झुंम्पा - दवले कुजूर - 1950
16. कुँड़ुख़ नयगस - शांति पी पी बखला - 1952
17. कुँड़ुख़ सनिका खोर - शांति पी पी बखला - 1952

18. कत्था अरा कत्थ बिल्ली ईदऊ - मिखाइल तिग्गा - 1952

19. एन इंगलिस उराँव डिक्सनरी - सी. ब्लीसेस - 1956

20. उराँव भाषा और साहित्य - जगदीश त्रिगुनाएत - 1958

21. कुँड़ुख़ कत्थ खीरी (उराँव भाषियों का वृतांत) - शांति पी. पी. बखला - 1964

22. आदिवासी और लरका आन्दोलन - बिहारी लकड़ा - 1966

23. आदिवासी पड़हा डहरे - भीखराम भगत - 1969

24. कुँड़ुख़ हिंदी शब्दकोश - श्रीमती स्वर्णलता प्रसाद - 1971

25. कुँड़ुख़ कत्थ खीरी अरा डंडी (आई. ए.) - एडमण्ड टोप्पो - 1976

26. कुँड़ुख़ कत्थ खीरी अरा डंडी (बी. ए.) - एडमण्ड टोप्पो - 1976

27. कुँड़ुख़ कत्थ बिल्ली भाग – 1 - पी. सी. बेक - 1978

28. खल्ली अयंग - इन्द्रजीत उराँव - 1978

29. मई उराँव कल्चर - एडमण्ड कैम्पीयन - 1980

30. करम डंडी - बलदेव राम टोप्पो - 1980

31. मौसमी राग - जॉन लकड़ा - 1981

32. कुँड़ुख़ कोश - प्रो. ब्रज बिहारी कुमार - 1981

33. चुरकी डहरे - आह्लाद तिर्की - 1982

34. उराँव सिम्बल - बोनीफस तिर्की - 1983

35. कुँड़ुख़ कत्थ बिल्ली भाग – 2 - पी. सी. बेक - 1983

36. कुँड़ुख़ पुरखा खीरी - आह्लाद तिर्की - 1984

37. कुँड़ुख़ जेठे जतरा डंडी - सोमरा नयगस - 1984

38. कुँड़ुख़ फोनोटिक रीडर - डॉ. फ्रांसिस एक्का - 1985

39. उराँव रिलिजन एण्ड कस्टम - ए. सी. राय - 1985

40. पुना खोर - इंद्रजीत उराँव - 1886

41. अयंग जिया - पी. लकड़ा - 1986

42. नम्हय एडपा - जस्टिन कु. एक्का - 1987

43. अद्दी धरम - देवचरण भगत - 1987

44. पड़हा डहरे - भीखरा भगत - 1987

45. दव बिल्ली - बसंती कुजूर - 1988

46. कुँड़ुख़ कत्थ पंडी - पियुस लकड़ा - 1989

47. दी इस्माल क्लिंग उराँव - बोनिफस तिर्की - 1989

48. अदियर गहि नेग धरम - देवचरण भगत - 1990

49. करमा – धरमा - कुँवरसिंह खलखो - 1991

50. आदिवासी धर्म एक परिचय - विकास तिर्की - 1992
51. चाला अखड़ा खुजका डंडी - जसंती कुजूर - 1992
52. उराँव संस्कृति - मिखाइल कुजूर - 1993
53. दी उराँव ऑफ़ छोटानागपुर - ए. सी. राय - 1994
54. सिंदरी - नारायण भगत - 1995
55. कुँड़ुख़ हांस भाषी - अलबिनुस मिंज - 1995
56. मिंजुर झाइल - जुलियस कुल्लू - 1996
57. अद्दी राजी झारखण्ड - अलविनुस मिंज - 1996
58. उराँव लोकगीत एवं लोककत्थाएं - ला. राय नि. श्री वास्तव - 1997
59. ग्राफिक्स ऑफ तोलोंग सिकि - नारायण उराँव - 1997
60. कुँड़ुख़ दर्शन - पी. सी. बेक - 1998
61. कुँड़ुख़ परकला - पी. सी. बेक - 1998
62. कुँड़ुख़ हिंदी शब्द कोश - नीलम टोप्पो - 1998
63. कइलगा - नारायण उराँव - 1998
64. करम नेग डंडी - मंगरा कुजूर - 1999
65. झारखण्ड गहि चीखना ओलखना - अलबिनुस मिंज - 2000
66. चिंचो डंडी अरा खीरी - नारायण उराँव - 2002
67. अराध्यदेव वृक्ष करम - शरण उराँव - 2002
68. तोलोंग सिकि का उद्भव एवं विकास - नारायण उराँव - 2003
69. पूना बिनको (भाग – 1, 2, 3, 4, 5) – महावीर/चौठी उराँव - 2003
70. बेंजा डंडी - रामकुजूर भगत - 2003
71. लोक गीत (कुंड़ुख) - नपिंद - 2003
72. गोत्र - सिकरा दास तिर्की - 2003
73. उपदेश धरम डहरे - रामकुजूर भगत - 2003
74. फग्गु चन्दो - महावीर / चौठी उराँव - 2004
75. खद्दी चन्दो - महावीर / चौठी उराँव - 2004
76. कुँड़ुख़ कत्थइन - प्रो. महावीर / चौठी उराँव - 2005
77. कुँड़ुख़ का प्राचीन इतिहास - जितु उराँव - 2005
78. खीरी झुम्पा - बिमल टोप्पो - 2010
79. कुँड़ुख सिखरना डंडी - शांति खलखो - 2010
80. ओल्लगी - अगुवस बाखलस - 2010
81. पुरखा गढ़हे - नारायण भगत - 2010

82. कुँड़ुख़ की अनुगुंज - फ्रांसिसका कुजूर - 2005

83. सरहुल - महली लिबनस तिर्की - 2005

84. ख़द्दी - नारायण उराँव - 2006

85. कुँड़ुख़ पुरखौंती साहे डंडी - प्रो. महेश भगत - 2006

86. छोटानागपुर के आदिवासी - गहनु टाना भगत

87. भारतीय संस्कृति और आदिवासी - बिहारी लकड़ा

88. लोक गीत (कुँड़ुख़) - कर्दुला कुजूर - 2006

89. कुँड़ुख़ विन्ती अरा सरना भजन - सरन उराँव - 2007

90. सिन्धु घाटी कुँड़ुख़ सभ्यता - जितु उराँव - 2007

91. आओ कुँड़ुख़ सीखे - महावीर उराँव - 2007

92. सरना धरम झरिया - अलबिनुस मिंज - 2008

93. पुना डहरे - शांति खलखो - 2008

94. करम ओहमा - तेज कुमार टोप्पो - 2008

95. बरचा ओन्टा रम्फ - फ्रांसिसका कुजूर - 2008

96. करम - महली लिबनस तिर्की - 2008

97. हिला खोल रागे - डॉ. उषा रानी मिंज - 2009

98. सिलागाई - महली लिबनस तिर्की - 2009

99. उराँव संस्कृति परिवर्तन एवं दिशाएं - डॉ. शांति खलखो - 2009

100. इन्नेलंता एड़पा उरुबनी - डॉ. निर्मल मिंज - 2009

101. खीरी झरिया - महावीर उराँव - 2009

102. कुँड़ुख़ तोड़न अख़आ - शांति खलखो - 2009

103. सिन्धु घाटी कुँड़ुख़ सभ्यता और जनजातीय भूमिका – जितु उराँव - 2010

104. पुरखा कत्थ डंडी - नारायण भगत - 2010

105. झारखण्ड ओंद नजइर - फ्रांसिसका कुजूर - 2010

106. हिंदी भाषा और कुँड़ुख़ भाषा क्रियाओं का प्रकाशत्मक अध्ययन - डॉ. हरि उराँव
– 2010

107. उड़ियारा पिंजरा ता मैना - फ्रांसिसका कुजूर - 2011

108. कुँड़ुख़ ग्रामर - डॉ. निर्मल मिंज - 2011

109. कुँड़ुख़ कत्थअइन अरा पिंजसोर - नारायण उराँव - 2011

110. कुँड़ुख़ ग्रंथ - अलबिनुस मिंज - 2011

111. उराँव सरना धर्म और संस्कृति - भिखू तिर्की - 2011

112. ख़ुँड़ुख़ भाषा शिक्षण एवं साहित्य - लालिमा और प्यारी - 2011

113. खुखड़ाचका कुँड़ुख़ पड़ीका उराँव कविता - ब्यातोर लकड़ा - 2011

114. मानी खीरी - कुमारी सरना उराँव - 2012

115. कोड़ा राजी - बिमल टोप्पो - 2013

116. कुँड़ुख़ भाषा शिक्षण एवं साहित्य - महेश भगत - 2013

117. उराँव समुदाय की कुँड़ुख़ एवं तमिल भाषा का अंतः संबंध–डॉ. रामचंद्र राय- 2013

118. कुँड़ुख़ लोक साहित्य - डॉ. हरि उराँव एवं प्रो. महेश भगत - 2013

119. कुँड़ख़र गहि दव चालो - जोहन लकड़ा - 2013

120. पाठन कोना - फ्रांसिस्का कुजूर - 2013

121. नानी गहि मानी खीर - डॉ. नारायण भगत - 2013

122. डहरे - कुमारी सरना उराँव - 2014

123. खीरी मेना - अलबिनुस मिंज - 2014

124. कुँड़ुख़ चोन्हा कत्थ टूड़ - भिखू तिर्की - 2014

125. छोटानागपुर के उराँव रीति रिवाज -डॉ. नारायण भगत - 2014

126. कुँड़ुख़ भाषा एवं संस्कृति - प्रो. महेश भगत - 2015

127. झरिया पंडी - डॉ. निर्मल मिंज - 2015

128. कुँड़ख़र गहि नेम्हा कुँड़ुख़ भजन एवं पारंपरिक गीत– अमित कुमार भगत – 2015

129. कुँड़ुख़ भाषा व्याकरण एवं साहित्य - प्रो. महेश भगत - 2016

130. कुँड़ुख़ भाषा साहित्य का उदभव और विकास – प्रो. महेश भगत - 2016

35

कँड़ुख़ लिटरेरी सोसाइटी ऑफ़ इंडिया राष्ट्रीय एवं अंतर्राष्ट्रीय सम्मेलन

- मून्ता (पहला) कँड़ुख़ सम्मेलन - राँची (झारखण्ड) - 2006 ई.
- एँड़ता (दूसरा) कँड़ुख़ सम्मेलन - नई दिल्ली - 2007 ई.
- मून्दता (तीसरा) कँड़ुख़ सम्मेलन सिलीगुड़ी (पश्चिम बंगाल) - 2008 ई.
- नाखता (चौथा) कँड़ुख़ सम्मेलन - रायपुर (छत्तीसगढ़) - 2009 ई.
- पंचेता (पाँचवा) कँड़ुख़ सम्मेलन - बोंगाई गाँव (असम) 2010 ई.
- सोयता (छठवाँ) कँड़ुख़ सम्मेलन - रोहतासगढ़ (बिहार) - 2011 ई.
- सयता (सातवाँ) कँड़ुख़ सम्मेलन - कालुंगा, राऊरकेला (उड़ीसा) -2012 ई.
- अखता (आठवाँ) कँड़ुख़ सम्मेलन - भोपाल (मध्य प्रदेश) - 2013 ई.
- नयता (नौवाँ) कँड़ुख़ सम्मेलन - पोर्ट ब्लेयर (अण्डमान निकोबार) - 2014 ई.
- दोयता (दसवाँ) कँड़ुख़ सम्मेलन - महाराष्ट्र (नागपुर) - 2015
- दोय ओंदता (ग्यारवाँ) कँड़ुख़ सम्मेलन - अलीपुर द्वार (पश्चिम बंगाल) - 2016 ई.
- मून्ता (पहला) अन्तर्राष्ट्रीय कँड़ुख़ सम्मेलन झारखण्ड, राँची (भारत) - 2012 ई.

- एँइता (दूसरा) अन्तर्राष्ट्रीय कुँड़ुख़ सम्मेलन - विराट नगर (नेपाल) 16-17 मई 2015 ई.
- दोय (दस) साल होने पर दसाक कुँड़ुख़ सम्मेलन मनाया जाता है, दसाक कुँड़ुख़ सम्मेलन - राँची (झारखण्ड) 2016 ई.

सन्दर्भ ग्रंथ :-

1. कुँडुख़ लोक साहित्य - संपादक डॉ. हरि उराँव
2. कुँडुख़ कत्थ-खीरी अरा डंडी (आई.ए. जोक्खा) - संपादक एडमंड टोप्पो
3. कुँडुख़ कत्था कत्थपंडी गहि कुन्दरना अरा परदना - महेश भगत
4. अयंग जिया - प्रो. पी. लकड़ा
5. खल्ली अयंग - इन्द्रजीत उराँव
6. खीरी झरिया भाग – 1 - महाबीर उराँव
7. खीरी झरिया भाग – 2 - महाबीर उराँव
8. कुँडुख़ पुरखा खीरी - अहलाद तिर्की
9. ख़द्दी चन्द्दो - डॉ. नारायण भगत श्रीमती चौठी उराँव श्री महाबीर उराँव
10. फग्गु चन्द्दो - डॉ. नारायण भगत श्रीमती चौठी उराँव श्री महाबीर उराँव
11. दई बोंगा उढ़ारी परदेस - विमल कुमार टोप्पो
12. खीरी झुम्पा - विमल कुमार टोप्पो
13. उड़ियारा पिंजड़ा ता मयना - डॉ. फ्रांसिस्का कुजूर
14. उराँव साहित्यकार - कोरनेलियुस मिंज
15. कुँडुख़ साहित्य - विजय आशीष कुजूर